Apenas por Hoje

Apenas por Hoje

Pelo espírito

Madalena

Psicografia de

Márcio Fiorillo

LÚMEN
EDITORIAL

Apenas por hoje
pelo espírito Madalena
psicografia de Márcio Fiorillo

2ª edição - dezembro de 2009

Direção editorial: *Celso Maiellari*
Preparação de originais: *Cristina Lourenço*
Revisão: *Equipe Casa de Idéias*
Arte da Capa: *Amadeu Cristiano / Casa de Idéias*
Projeto Gráfico e diagramação: *Lucas Godoy / Casa de Idéias*
Impressão e acabamento: *Orgrafic Gráfica e Editora.*

Dados Internacionais de Catalogação na Publicação (CIP)
(Câmara Brasileira do Livro, SP, Brasil)

Madalena (Espírito)
Apenas por hoje / Madalena ; piscicografia de Márcio Fiorillo.

São Paulo : Lúmen, 2009

1. Espiritismo – 2. Romance espírita – 3. Piscicografia – I. Fiorillo, Márcio. II Título.

09-01342 CDD-133.9

Índices para catálogo sistemático:
1. Romance espírita : Espiritismo 133.9

LÚMEN EDITORIAL

Rua Javari, 668
São Paulo - SP
CEP 03112-100
Tel/Fax (0xx11) 3207-1353

visite nosso site: www.lumeneditorial.com.br
fale com a Lúmen: atendimento@lumeneditorial.com.br
departamento de vendas: comercial@lumeneditorial.com.br
contato editorial: editorial@lumeneditorial.com.br

2009

Sumário

Introdução

No Astral

— Não! Afaste-se de mim! Socorro! Gui, ajude-me, por favor!

Sandra entrou na enfermaria às pressas. O jovem rapaz se debatia na cama. Olhou penalizada para aquele ser tão magro, de aspecto cadavérico, mas não se deixou abater e tratou logo de ministrar-lhe passes magnéticos que o fizeram acalmar-se.

Respirou aliviada, conseguira mais uma vez controlar a crise daquele jovem.

Saiu do quarto após fazer uma prece em agradecimento. Aquele era mais um dos inúmeros casos dos quais ela cuidava todos os dias naquele hospital do astral e, por mais que tentasse manter-se serena, às vezes seu coração doía ao ver cenas lastimosas e degradantes de irmãos desencarnados em séria precariedade mental.

Andou por longos corredores à procura de Guilherme, o Gui, como era conhecido pelos jovens internados naquele local, encontrando-o sentado em um banco de um vasto jardim florido, lugar especial para os trabalhadores daquela casa. Ali todos podiam sentir paz e serenidade ao ver o espetáculo que as roseiras de diversas cores demonstravam todos os dias, com seu perfume e graça.

Guilherme, ao ver a amiga à sua frente, sorriu, dizendo calmamente:

— Meu tutelado teve outra crise, já sei.

— Você tem uma ligação muito forte com ele, não tem?

— Tenho. Esse rapaz há muito me é caro e, como todas as pessoas que se gostam verdadeiramente, sinto o que ele sente.

— Eu o entendo. Sabe que o conheço há muito tempo e vejo como você trata todos deste hospital; o carinho e o amor que você dedica a esses jovens fazem com que eu fique curiosa.

Sandra calou-se por segundos. Pensou em continuar, mas desistiu, não tinha o direito de querer saber sobre a vida de Guilherme e a ligação dele com o jovem internado. Gui, ao ver a amiga quieta, comentou:

— Querida Sandra, acuriosidade bem compreendida e usada de forma pura, voltada para o bem, é construtiva e é através dela que nós, seres humanos, encontramos a salvação para vários males da humanidade, evitando assim muitos sofrimentos desnecessários.

— Eu sei, mas não tenho o direito de saber sobre sua vida e seus dramas íntimos.

— Não teria se não fôssemos amigos e se o interesse fosse fútil, apenas para ficar a par da vida alheia, e esse não é o seu caso. Vou contar toda a história desse rapaz que está sendo carinhosamente cuidado nesta casa e de todos os que estavam à sua volta. Só assim você entenderá a minha vida em particular.

Sandra sorriu para o amigo, que, após breve meditação, começou a falar...

I

Adolescência em Risco

São Paulo, anos 1980...

O dia mal clareou e Elza já estava de pé. Após preparar o café, foi ao quarto do filho. Sorriu ao ver André dormindo como um anjo. O rapaz já estava com dezessete anos, mas para ela era apenas o seu "bebê". Aproximou-se do filho, deu um leve beijo em sua testa e saiu como fazia todos os dias desde que se separara de João, anos atrás.

Ela era enfermeira de um grande hospital público. Em pouco mais de meia hora chegou ao seu local de trabalho, colocou seu uniforme e, após bater seu cartão de ponto, foi à enfermaria da emergência, setor em que trabalhava. Logo, Meire, sua amiga de profissão, aproximou-se dizendo:

— Bom dia, Elza! Está com sorte, pegou o melhor plantão do dia.

— Não fale assim. Estamos em um pronto atendimento e a qualquer momento isto aqui pode virar uma loucura.

— Loucura? Você não viu nada. Esta madrugada foi terrível. Imagine que deu entrada aqui um adolescente que abusou da bebida alcoólica e misturou drogas, creio que cocaína. O rapaz jurava que estava vendo monstros e queria a todo custo quebrar tudo. Eu acabei sendo agarrada pelo garoto e, se os seguranças não chegassem a tempo, talvez nem estivesse aqui para lhe contar essa história.

— Infelizmente a droga e o álcool têm destruído milhares de vidas. É uma pena saber disso, meu coração dói só em pensar nesses rapazes que acham que a vida deve ser curtida à base de drogas e promiscuidade. É por isso que falo todos os dias para o meu André ficar longe de tudo isso.

— André é um bom rapaz. Você o criou com amor, tenho certeza de que ele não vai se meter nessas coisas.

Bom, agora tenho que ir, meu plantão já acabou. Volto amanhã cedo. Até mais!

— Até! Bom descanso!

Elza mal teve tempo de se despedir da amiga, pois acabara de chegar um rapaz acidentado. Sem pensar duas vezes, correu para atendê-lo. Aquele seria mais um dia agitado para ela, que procurava de todas as formas amenizar as dores físicas de todos que passavam pelas suas mãos.

André chegou da escola desanimado. Estava cursando o último ano, a tensão das provas bimestrais e a escolha da profissão para a faculdade faziam com que se sentisse perdido. Olhou para o relógio de pulso. Estava passando do horário do almoço, mas não sentiu fome, ficando naquela apatia por um longo tempo, até pegar no sono no sofá da sala.

A tarde já ia alta quando a campainha da casa soou, fazendo o jovem acordar em sobressalto. Abriu a porta. Era Bruno, seu amigo, que, ao vê-lo com cara de sono, foi logo falando:

— Hei, cara! Você estava dormindo? Se quiser, eu volto outra hora!

— Você já me acordou mesmo, agora entre! — André fez um gesto com a cabeça, voltando-se para dentro da casa.

Bruno seguiu-o até a sala e, após dar uma boa olhada no local, comentou:

— Isto aqui está uma bagunça. Sua mãe vai matar você se chegar e encontrar a casa neste estado.

— Eu sei, cheguei com sono da escola, acabei dormindo. Mas, já que você reparou, ajude-me a dar uma geral nesta bagunça.

Os dois rapazes passaram a arrumar a casa. Bruno falava enquanto ajudava o amigo a passar o pano no chão. Em pouco tempo a casa estava limpa. André olhou satisfeito, pois tudo ficara do jeito que sua mãe gostava de ver. Bruno, ao olhar para o amigo, comentou:

— Bem, agora que a casa já está limpa, que tal jogarmos videogame?

— Não sei. Não estou com vontade.

— Quê? Você, não querendo jogar game? Acho que está doente mesmo.

— Não me perturbe, Bruno! Poxa, meu! Cansei dessa vida de ir para a escola, voltar, arrumar a casa e depois ficar jogando videogame com você! Não sei se percebeu, mas já temos dezessete anos.

— Tá, mas e daí? Não somos mais crianças e também não somos adultos!

— É! Somos mesmo dois adolescentes caretas.

— Eu não sou careta, não. Assim você me ofende — respondeu Bruno, com um tom de mágoa na voz.

— É, é careta, sim! Você já reparou nos outros moleques da escola? Eles curtem rock nacional e muitos já namoram. E nós aqui jogando o bendito Atari.

Bruno ficou quieto. Eles estavam crescendo e ele até então não estava se dando conta disso. André tinha razão, então, após alguns minutos de meditação, disse ao amigo:

— E o que você sugere que passemos a fazer daqui pra frente?

— Aí, Bruno! Deixe de ser criança, vamos começar a viver, curtir a vida, namorar. Eu fiquei sabendo que sábado vai ter um show de rock com aquela banda que está fazendo sucesso. Estou querendo ir. Que tal?

— Você pirou, André? Minha mãe não vai deixar eu ir a um show de rock! Nem a sua!

— Elas só vão ficar sabendo se você contar. Não seja bobão. Toda a galera do colégio vai. E, depois, sábado à noite minha mãe vai trabalhar e a sua é fácil enganar.

— Vou pensar, depois lhe dou a resposta.

— Está bem, mas pense rápido. Precisamos comprar o ingresso antecipadamente.

— Tá! Agora tenho que ir.

Bruno despediu-se do amigo. As palavras de André não saíram de sua mente. Atravessou a rua e foi para sua casa, que ficava praticamente em frente à de André. Ambos cresceram juntos naquele bairro de classe média de São Paulo.

Entrou em casa e, após verificar que sua mãe não havia chegado, foi para o banheiro. Estava exausto. Despiu-se em frente ao espelho. Ao ver seu corpo nu, parou para olhá-lo: "É, de fato meu corpo está mudando. Estou deixando de ser adolescente" — pensou, ao passar as mãos no peito, onde já estava começando a nascer pelos.

Tomou banho demoradamente, sem se dar conta de que não só seu corpo estava se transformando, mas algo dentro de si também.

Zélia chegou em casa com uma sacola de compras nas mãos. Estava cansada, passara a tarde inteira no shopping olhando vitrines. Ao aproximar-se da sala, encontrou Bruno, seu filho, assistindo televisão. Ao vê-lo de banho tomado cheirando a perfume de boa qualidade, indagou, quase elétrica:

— Você enxugou o banheiro, Bruno?

— Boa noite, mãe! Não se preocupe. O banheiro está seco e limpo.

— Que bom! Estou louca para tomar um banho e você sabe que detesto entrar no banheiro e encontrá-lo molhado.

— Sei, mãe! Escuto isso todos os dias.

Zélia calou-se, pegou suas sacolas e foi ao seu quarto, tomou seu banho e, ao voltar à sala, não encontrou o filho, que já estava na cozinha esquentando o jantar. Aproximando-se dele, comentou:

— Sábado Ronaldo vem jantar conosco. Quero vê-lo em casa.

— A senhora vai querer que eu prepare o jantar? — ironizou o rapaz, ao colocar os pratos na mesa.

— Não seja cínico, Bruno! Sei que não gosta de Ronaldo, mas vê se passa a mudar seus conceitos sobre ele. Quanto ao jantar, eu mesma preparo.

Bruno calou-se. Se estava em dúvida sobre o convite de André, não tinha mais nenhuma. Detestava Ronaldo. Ele, com certeza, dormiria na casa, facilitando sua saída sem que ninguém percebesse, já que a única que poderia sentir sua falta estaria ocupada agradando seu namorado. E, com esses pensamentos, Bruno jantou calado. Zélia, por sua vez, decidiu não falar mais nada, o que foi bem recebido pelo rapaz.

Elza saiu do hospital em que trabalhava às onze horas. Após se despedir dos amigos foi para o ponto de ônibus. Francisco, que trabalhava no hospital como segurança, estava saindo com seu carro quando viu a amiga à espera da condução. Decidiu parar para lhe oferecer carona, o que foi aceito com prazer. Elza entrou no automóvel e colocou o cinto de segurança, dizendo:

— Pensei que você não ia para casa.

— Hoje vou dormir. Estou trabalhando direto. Sabe como é, não posso viver do salário do hospital, então faço meus bicos.

— Eu sei, mas precisa se cuidar. Não só de pão vive o homem!

Francisco limitou-se a olhar para a moça. Os dois trabalhavam juntos há alguns anos e, sempre que ele podia, dava-lhe carona. Elza se mostrava discreta e direita e ele procurava respeitar suas opiniões.

— O que houve? Falei alguma coisa que não devia? — perguntou Elza, tirando o rapaz de seus pensamentos.

— Não! Você é sempre sábia e era nisso que eu estava pensando. Mas, mudando de assunto, e seu filho, como está?

— André está bem. Eu é que, com o meu trabalho, não tenho tempo para ele. Às vezes penso em arrumar outro emprego, mas amo tanto o que faço que não gosto nem de pensar em sair do hospital.

— Se você gosta de seu trabalho, não procure outro. E, depois, seu filho já é um homem, logo se casará. Embora eu não o conheça, pelo que você me diz, parece ser um rapaz bastante ajuizado. Não há com que se preocupar.

— André é ajuizado, mas tenho medo. Todos os dias passam pelo hospital dezenas de adolescentes usuários de drogas, alguns com doenças sexualmente transmissíveis, sem citar os que brigam. André é homem e logo terei que deixá-lo sair para passear à noite, entregá-lo para o mundo, e isso me assusta.

— Você pensa assim porque trabalha em um local onde só há dor. Mas não se preocupe, nem todo adolescente é igual, e seu filho tem uma boa base familiar. Isso pesa muito.

Francisco parou em frente à casa de Elza, que, ao ver seu lar, desceu do carro após se despedir do rapaz com um beijo no rosto em agradecimento. Em seguida, entrou em casa. Francisco esperou a moça fechar a porta para virar a chave do carro e seguir viagem.

No caminho, pensou mais uma vez em Elza. Seu coração disparou. "Que mulher! Não pense bobagens. Ela é apenas uma colega de trabalho e nunca lhe deu prova do contrário."

E, nesses contrastes de pensamentos, seguiu seu caminho até sua casa, onde colocou o carro na garagem e entrou, procurando não fazer barulho, pois sua mãe poderia estar dormindo.

Foi até a cozinha, onde se serviu de uma xícara de café que estava na garrafa térmica, quando sua mãe aproximou-se, dizendo:

— Você demorou. Pensei que chegaria mais cedo.

Francisco deu um beijo no rosto da mãe e em seguida respondeu:

— Acabei me atrasando. Fiquei de bate-papo com os amigos. Deveria ter ido dormir.

— Estava sem sono, por isso estou acordada.

Fausta calou-se. Não queria demonstrar ao filho sua preocupação. Todas as noites, não dormia até vê-lo em casa. Francisco era seu único filho e ela não queria que nada de ruim lhe acontecesse. Estava achando que ele estava de namoro com alguma mulher e, só de pensar nisso, seu coração se apertava. Não queria vê-lo casado, longe dela.

Com esses pensamentos Fausta despediu-se do filho e foi se deitar, sendo seguida por Francisco, que, após tomar um banho, deitou-se, mas não conseguiu dormir de imediato. Pensou em Elza, sua face delicada lhe sorrindo, sua boca sensual... Um leve suspiro saiu da boca do rapaz, que passou a abraçar o travesseiro, imaginando estar abraçando Elza. Acabou adormecendo já com os primeiros raios de sol.

Elza acordou sobressaltada, pois sonhara com o filho, levantando-se rapidamente e indo ao quarto do rapaz, que dormia tranquilamente. Olhou para o rádio-relógio que estava na cabeceira da cama, já estava na hora de acordá-lo.

Aproximou-se e, após dar-lhe um beijo na face, começou a chacoalhá-lo. André acordou irritado com a brincadeira da mãe, mas não disse nada. Levantou-se e foi ao banheiro, onde tomou um banho demorado.

Elza foi preparar o café da manhã. Minutos depois, o filho já estava à mesa servindo-se de um copo de suco de laranja:

— Por que levantou cedo? Não é folga da senhora? — indagou.

— É, mas tive um pesadelo, nada de mais.

Elza mal terminou de falar quando a campainha soou. André, ao ouvir o toque, tomou mais um gole de suco e levantou-se dizendo:

— É o Bruno! Estou atrasado. Tchau!

O rapaz saiu rapidamente. Ao encontrar o amigo, cumprimentou-o, dizendo:

— Pensou no show de sábado?

— Não penso em outra coisa. Decidi ir com você.

— Ótimo! Vai ser maneiro. Vou pedir para o Cacá comprar nossos ingressos hoje mesmo.

Os dois caminharam algumas quadras até chegarem à porta do colégio, onde um grupo de jovens conversava animadamente. André e Bruno aproximaram-se do grupo. Carlos, o Cacá, como era apelidado, foi quem os cumprimentou, dizendo:

— O que os filhinhos de mamãe querem? Decidiram se juntar a nós?

— É isso aí, Cacá. Fiquei sabendo que vão ao show de rock e gostaríamos de ir junto.

As palavras de André fizeram todos do grupo rirem. Cacá, procurando acalmar os ânimos, respondeu:

— Vocês querem sair conosco? Bem, para andar com a nossa turma vocês precisam ser aprovados pela galera. Vou bater um papo com eles e depois conversamos. Agora se mandem!

Os dois rapazes saíram. Cacá, ao vê-los longe, comentou com seus amigos:

— Esses dois babacas estão querendo se divertir. O que vocês acham?

— Não gosto deles. São mauricinhos, podem nos trazer problemas — respondeu Guto, com tom de desagrado.

— Acho os caras legais. São meio bobos, concordo, mas qual é o problema? — respondeu Simone, uma das meninas do grupo.

Cacá, após ouvir os comentários do grupo, finalizou:

— Esses dois podem ser úteis. Vocês sabem, são filhinhos de papai, estão sempre com dinheiro. É só viciá-los que teremos condições de consumir mais drogas de graça. É mais fácil que tirar pirulito da mão de criança! Todos concordam?

Um riso frenético pôde ser ouvido por todos em sinal de um sim. O que eles não viam era um grupo de viciados desencarnados que parecia se deliciar ainda mais com a notícia.

Os portões da escola foram abertos, finalizando a reunião. André e Bruno entraram juntos na sala de aula. Bruno, por mais que tentasse, não conseguia prestar atenção na matéria dada pela professora. Quando deu a hora do intervalo, ele aproximou-se de André, que estava indo para a cantina da escola tomar um suco, dizendo:

— Não sei. Às vezes tenho medo do Cacá. Acho que não devemos nos unir a eles.

— Deixe de ser medroso! Cacá não é nenhum assassino. Ele é autêntico, só isso. As pessoas não estão acostumadas com autenticidade.

André mal terminou de falar quando Cacá aproximou-se dos dois, dizendo:

— Conversei com a galera. Todos aceitaram vocês no grupo, portanto amanhã à noite terão que participar do ritual de iniciação.

— Ritual? Mas que tipo de ritual? — perguntou Bruno, assustado.

— Bem, não é nada de mais. Todos que entram para o nosso grupo devem mostrar que são valentes, mas não se preocupe. Espero vocês dois amanhã, às 22h, na porta do cemitério.

— Ce... Cemitério? — indagou Bruno, já mudando a cor do rosto.

André, que até então não havia falado nada, deu um leve tapinha nos ombros de Bruno, dizendo a Cacá:

— Estaremos lá!

E, sem que seu amigo pudesse dizer uma sílaba, puxou-o para outro canto, olhou mais uma vez para Bruno, balançando a cabeça. Não que estivesse achando aquela situação fácil, mas também não era para tanto medo. Bruno, vendo o ar calmo de André, disse colérico:

— Se está pensando que vou para o cemitério com esses moleques, está enganado. Se quiser, vá sozinho!

— Que é, Bruno? Vai amarelar agora? Não seja medroso. Além do mais, aposto que eles vão nos pregar um susto para ver se somos valentes ou não. É só manter a calma!

— Pode ser, mas sinto que vamos arrumar problemas.

— Não teremos problema algum, confie em mim.

Bruno calou-se. Gostava de André como um irmão. Todas as vezes que André tomava frente de uma situação ele se acalmava, afinal de contas, André sempre fora mais forte e decidido, o que o fazia sentir-se mais seguro.

O sinal para os jovens voltarem à sala de aula foi dado. Logo os dois rapazes estavam de volta aos estudos. Bruno, mais calmo, conseguiu assistir de forma atenta a aula de matemática, esquecendo-se momentaneamente das suas novas aventuras.

II

Entrando para uma Turma Perigosa

Elza preparava o almoço quando André entrou em casa, indo direto ao quarto para tirar o uniforme escolar. Ao voltar à sala, sentou-se em frente ao aparelho de televisão, mas não teve vontade de ligá-lo. Só conseguia pensar na noite que estava por vir.

Elza, ao ver o filho quieto, estranhou. Algo lhe dizia que o rapaz passava por uma fase difícil. Decidida a ter uma conversa com ele, sentou-se à sua frente, dizendo:

— O que está acontecendo? Nos últimos dias, estou lhe achando tão estranho.

— Não está acontecendo nada, mãe.

— André, sou sua mãe, sinto em meu coração que algo não anda bem. Se abre comigo. Seja lá o que estiver se passando em sua vida, vou entender.

— Já disse que não está acontecendo nada, mãe. Só estou querendo ficar quieto. Me deixa, pô!

André levantou-se e, sem dar mais uma palavra, trancou-se em seu quarto, deixando Elza com uma pulga atrás da orelha. Sem pensar duas vezes, saiu em direção ao outro lado da rua. Se algo estava acontecendo com seu filho, Bruno, querendo ou não, ia lhe contar.

Em poucos minutos estava à porta da casa de Zélia. Após apertar com insistência a campainha, foi recebida por Bruno, que, ao vê-la, esboçou um sorriso e perguntou:

— O que houve, Dona Elza? Minha mãe não está, mas se estiver precisando de ajuda e eu puder ajudar...

— Você vai me ajudar e muito, Bruno. Posso entrar?

O rapaz abriu a porta e a conduziu até a sala, onde Elza, após sentar-se, foi direto ao assunto:

— Você e André são amigos inseparáveis. Sempre gostei de ver os dois juntos, sabe disso. Por isso, me responda. O que está acontecendo de errado com meu filho?

— Não sei do que a senhora está falando. Que eu saiba, não há nada de errado com André — respondeu Bruno, procurando manter um tom de voz seguro, mas não conseguindo convencer.

Elza levantou-se, olhou nos olhos do rapaz como quem queria ler seus pensamentos.

— Sei que está mentindo, mas seja lá o que for que esteja acontecendo, vou descobrir. Agora preste bastante atenção no que vou lhe dizer. Tudo o que vocês fizerem em sua vida, seja de bom ou de ruim, responderão por isso. Então pensem bem antes de cometer alguma besteira. É só.

Elza levantou-se. Bruno não conseguiu responder, seguindo Elza até a porta. Ao vê-la sair, respirou aliviado, mas as palavras dela não saíam de sua mente, fazendo-o meditar sobre seus atos. Sabia que estava errado, conhecia bem Cacá e seu grupo. Eles eram barra pesada e se envolver com eles não era sinal de boa coisa, mas o que fazer?

André estava disposto a fazer o que fosse para entrar no grupo, e ele, como seu amigo, não o deixaria sozinho, mesmo porque também estava sentindo a necessidade de se achar. Como todos da sua idade, fazer parte de um grupo com o qual se identificasse era normal e até saudável. Mas será que o grupo de Cacá era sua identidade? Eles eram sempre estranhos, usavam roupas pretas e gostavam de coisas mórbidas.

E, com esses pensamentos, foi terminar seus afazeres, deixando de lado seus conflitos internos e passando o resto da tarde estudando.

O crepúsculo descia sobre a Terra, quando Elza saiu de casa rumo ao trabalho, deixando André com seus afazeres escolares. Em poucos minutos, entrou no ônibus que a levaria ao hospital. No caminho sentiu seu coração apertar, pensou no filho, não conseguia ficar sossegada. Mas respirou fundo, teria um plantão de vinte e quatro horas pela frente e seus problemas pessoais teriam que ficar na rua.

Ao ver o hospital da janela do ônibus, deu o sinal para descer no ponto seguinte. A noite estava surgindo quando ela entrou no hospital, cumprimentando todos que via pela frente. Ao passar pela enfermaria, encontrou Meire fazendo curativos em uma mulher que dera entrada no pronto atendimento com o rosto sangrando. Elza, ao ver o estado da moça, aproximou-se das duas, dizendo:

— Boa noite! Você está bastante machucada. O que houve?

— Nossa amiga teve um pequeno acidente doméstico, mas vai ficar bem.

Meire respondeu dando uma leve piscada para a amiga, que, ao ver o constrangimento da mulher, calou-se, ajudando-a a terminar o curativo. Quando a mulher saiu, Meire foi logo dando a ficha completa:

— O nome dela é Jacinta. Coitada! O marido bebeu um pouco a mais, chegou em casa e a agrediu. Minha vontade é de saber onde ela mora e dar uns tabefes nesse covarde.

— A violência não nos leva a nada. Pelo contrário, gera mais violência ainda. E, depois, somos enfermeiras, não justiceiras.

— Sei disso, mas fico louca com covardia. Você viu o estado da coitada.

— Vi, mas cabe a ela o destino de sua vida e a nós só resta atendê-la com amor, caso isso volte a acontecer.

— Isso é verdade... Mas o que há com você? Pelo tom de sua voz, me parece preocupada.

— É André. Algo me diz para redobrar os cuidados com ele. Mas vamos mudar de assunto. Você viu o Francisco por aí?

Meire esboçou um sorriso ao responder:

— Não. Já me informei. Ele estará de plantão amanhã cedo. É impressão minha ou está rolando um clima entre vocês?

— Meire, que horror! Isso é jeito de falar? Eu sou uma mulher de respeito, sou mãe e Francisco é simplesmente um bom amigo. Gosto de conversar com ele. Eu só perguntei a seu respeito porque quero lhe pedir um favor, só isso.

— Sei, vou fingir que acredito.

"Enfermeira Elza, do setor dois. Comparecer imediatamente à recepção."

Elza saiu rapidamente. Ao chegar à recepção do hospital, viu quando dois enfermeiros colocavam um rapaz na maca. Sem pensar duas vezes, aproximou-se de um dos colegas de trabalho, perguntando:

— O que houve?

— Ele está tendo convulsões. Ajude-nos a segurar suas mãos.

Elza segurava com força os braços do rapaz, enquanto os dois enfermeiros empurravam a maca até a sala do médico, que, ao fazer os primeiros exames do rapaz, constatou ser um caso de overdose.

O rapaz tremia e se debatia. Logo seu coração começou a bater descompassado, olhos esbugalhados, perdido no espaço. Elza olhava atenta, procurando fazer tudo o que o médico pedia para evitar uma parada cardiorrespiratória, mas foi em vão. O coração do jovem parou de bater, todas as tentativas de reanimá-lo foram em vão. Elza, que procurava manter a calma, saiu da sala, procurando respirar fundo, mas logo uma senhora, aparentando um pouco mais de quarenta anos, aproximou-se dela, perguntando:

— Por favor! Eu sou a mãe de Miguel. Meu filho foi trazido pra cá por um amigo. Ele estava tendo convulsões. Eu só soube agora. Quero saber se ele já melhorou.

Elza olhou mais uma vez para a mulher. Seu coração estava apertado. Ela era mãe e, como tal, colocou-se por instantes no lugar daquela pobre senhora que ainda não sabia que seu filho estava morto. Mas não seria ela que lhe daria essa notícia. Teria que falar com o médico responsável. Então, após procurar se acalmar, olhou para a mulher, dizendo:

— Eu vou falar com o doutor Oswaldo. Ele já vem falar com a senhora. Aguarde um minuto, por favor!

Elza deixou-a e foi à sala de Oswaldo. Após bater na porta, entrou dizendo:

— A mãe do rapaz que acabou de falecer está aqui. Posso mandá-la entrar?

Oswaldo suspirou. Embora já estivesse acostumado com sua profissão, era-lhe penoso dar notícias de óbitos, principalmente quando se tratava de jovens. Olhou serenamente para Elza, respondendo:

— Traga a mulher e fique na sala. Posso precisar medicá-la.

Elza saiu do recinto. Em poucos minutos voltou, trazendo consigo a mãe de Miguel. O doutor Oswaldo, ao vê-la, cumprimentou-a, fazendo-a sentar-se. Procurou a melhor forma de dar-lhe a notícia.

— Bem, a enfermeira me disse que a senhora é a mãe de Miguel. Eu poderia saber seu nome?

— Meu nome é Ana. Como está o meu filho?

— Bem, dona Ana... A senhora sabia que seu filho era usuário de drogas?

— Drogas, meu filho? O senhor deve estar enganado. Miguel nunca nem chegou perto dessas coisas...

Ana calou-se. Por segundos pareceu ter caído em si. O médico acabara de usar o tempo passado, mas será que ela entendeu corretamente? E, com esses pensamentos, perguntou aflita:

— O senhor falou era! Por quê? Cadê meu filho, doutor?

— Seu filho deu entrada neste hospital aparentemente com uma convulsão. Eu fiz alguns exames, encontrei resíduos de cocaína em suas narinas. Ele usou droga com álcool, o que provocou uma overdose que infelizmente o levou ao óbito.

Ana sentiu sua cabeça rodar. Elza, ao vê-la cambalear, a apoiou. O doutor Oswaldo fez com que ela se sentasse e a medicou. Logo um choro condoído surgiu de dentro de sua alma, que aos poucos foi se serenando. Elza, ao ver a dor da mulher, procurou consolá-la, mesmo sem saber o que falar, pois nessas horas tudo o que se fala é em vão. A dor e o sofrimento da perda eram enormes.

O tempo passou lentamente. Logo chegaram parentes e amigos de Ana, que a tiraram da sala e cuidaram do funeral. Elza, ao ver sua missão cumprida, voltou à sala da enfermaria, onde Meire tagarelava com uma amiga. Estava triste, só fazia pensar em André. Algo dentro de seu ser lhe dizia para se preparar, pois passaria por uma situação igual ou parecida com a de Ana e de muitas outras mães pelo mundo afora.

Meire, ao ver a amiga com ar perdido, despediu-se da mulher com quem estava falando e foi ao seu encontro, dizendo animada:

— Deixe de tristeza! Já fiquei sabendo que o rapaz morreu em seus braços, mas não pode ficar assim. Tantos anos nessa profissão e você ainda não se acostumou com a morte.

— Não me acostumei e nem vou me acostumar. O garoto estava com dezoito anos e uma vida inteira pela frente. Se não fosse essa maldita droga! Quando isso vai acabar? Será que algum dia esses traficantes serão presos?

— Desculpe, mas sou realista. Acredito que, enquanto houver pessoas predispostas ao uso de drogas, haverá traficantes. E, depois, os jovens querem experimentar de tudo. Eles se sentem mais adultos quando fazem uso de drogas e coisas do gênero.

— Eles deveriam se sentir uns imbecis, não adultos. Pelo amor de Deus, Meire! Cocaína, maconha, heroína viciam, veja o caso da cocaína. Quando alguém a consome, um dos efeitos é ter a boca seca, o que faz com que o uso de álcool seja maior. A pessoa não tem noção de quanto está bebendo e a mistura causa overdose, que na maioria das vezes leva ao óbito. E a heroína, então? É uma droga injetável. Estamos agora com essa nova doença que é transmitida também por seringas compartilhadas. Se os jovens não tomarem cuidado, não chegarão ao século vinte e um com vida.

— Eu sei. É muito difícil fazê-los entender, mas devemos confiar em Deus, que sempre sabe o que faz.

Meire procurou cortar o assunto. Elza estava preocupada com o filho e prolongar uma discussão sobre o uso de drogas só ia perturbar ainda mais a mente da amiga.

As horas foram passando lentamente, sempre com algum paciente a ser medicado. Elza e Meire continuaram fazendo seu trabalho com dedicação, como faziam todos os dias.

Um forte vento soprava na noite fria de São Paulo quando Zélia decidiu ir dormir. Bruno, que estava deitado em sua cama, fingindo que dormia, ouviu quando a mãe trancou-se em seu quarto. Levantou-se devagar procurando não fazer barulho, tirou o pijama e se trocou. Em poucos minutos estava na porta de André, que, ao vê-lo à sua espera, saiu rapidamente após trancar a casa, dizendo nervoso:

— Que demora! Pensei que não viesse.

— Minha mãe demorou a se deitar. Você queria que eu fizesse o quê? Chegasse para ela e falasse: "Olha, mãe, vai dormir logo porque eu e o André vamos fazer um tour pelo cemitério. Mas não se preocupe, estaremos em excelente companhia!"

— Tá, tá! Chega! Vamos andando.

Os dois rapazes apertaram os passos. Já estavam quase à porta do cemitério quando Bruno parou. André, ao vê-lo parar, voltou-se para o amigo, dizendo, nervoso:

— O que foi dessa vez?

— Estou com medo. Não gosto de brincar com o que não conheço. E, depois, não precisamos entrar para a turma de Cacá.

— Precisamos sim. Não quero que todos do colégio fiquem sabendo que amarelamos, pois, se não entrarmos nesse maldito lugar, é isso que o Cacá vai espalhar para os quatro cantos da escola. Agora ande, já estamos mais que atrasados. E deixe de ser medroso.

Bruno calou-se. André estava certo. Ele já havia caído na besteira de concordar com esse teste e voltar atrás significaria ser tachado de medroso e isso ele não aceitaria, mesmo porque o que as garotas iam pensar a seu respeito? E, com esses pensamentos, os dois chegaram à porta principal do cemitério. Cacá, que já estava à espera dos jovens, aproximou-se resmungando:

— Caramba! Isso são horas? Já é quase meia-noite. Não podemos perder tempo. Escutem...

Cacá falava entusiasmado, enquanto os dois ouviam atentamente. O que eles não podiam ver era o espírito que os acompanhava, ajudando nas intuições de Cacá, que, ao vê-lo se afastar dos dois, voltou-se para dentro do cemitério. No caminho, vários espíritos transitavam pelo lugar. Alguns pelo simples fato de não ter para onde ir, uma vez que, ao acordarem no astral, viram-se próximos aos seus restos carnais e a eles ficaram presos; outros, por aquele ser um lugar muito procurado para trabalhos de magia, onde vários espíritos permaneciam para receber oferendas, como galos e outros apetrechos usados por espíritos ainda voltados à matéria.

Cláudio olhou à sua volta, gostava daquele lugar. Era lá que tudo começava, ali ele e Celso iniciavam os adolescentes que entravam para o grupo de Cacá no mundo das drogas. Em poucos segundos, chegou próximo a um túmulo, onde encontrou Celso à sua espera, que, ao vê-lo, foi logo perguntando:

— E aí? Os dois idiotas chegaram?

— Já estão entrando aqui. Agora é só aguardá-los.

— Você reparou se alguém da banda daquele chato do Gui os seguiu?

— O próprio. Eu o vi de relance. Você sabe que ele não se faz mostrar. Percebi quando Bruno parou a poucos metros daqui, sendo influenciado por ele, mas André já está na nossa. Foi fácil trazê-lo para cá mesmo comandando-o a distância.

— Ótimo! E aquela sem graça da Elza?

— Essa é difícil. Pelo jeito, ela só escuta as sugestões dos cordeiros. Precisamos ficar de olho nela, se não quisermos correr riscos.

Celso pensou um pouco e em seguida comentou:

— Já sei como tirá-la de circulação. Ela está gostando de um tal de Francisco. Vamos dar um empurrãozinho nesse relacionamento.

— O quê? Você está louco? E o que vamos ganhar com isso?

— Tudo. Aguarde-me e verás.

Celso parou de falar. Ao ver os dois jovens aproximarem-se, logo pode ver a figura de Cacá encostada em um mausoléu, esperando os dois terminarem a tarefa que lhes foi imposta. Em poucos minutos, Bruno e André aproximaram-se do rapaz, que ao vê-los disse com satisfação:

— Vocês cumpriram direitinho a tarefa.

— É, mas não foi fácil.

— O gosto pelo perigo. É adrenalina pura, Bruno. Com o tempo vai se acostumar com isso e muito mais. Agora venham!

Cacá entrou no mausoléu, sendo seguido por Bruno e André. Os três se sentaram em frente a uma imagem de um anjo que ficava em cima de uma pilastra. Foi André quem comentou:

— Este lugar parece uma casa. Deve ser de algum bacana. Olha os detalhes da pintura!

— É só você ler na entrada o nome da família que dorme o sono eterno neste lugar. Trata-se de quatrocentões da cidade.

Cacá mal terminou de falar quando Simone, Guto e os outros colegas adentraram o recinto, fazendo-os ficarem espremidos. Guto, ao vê-los, comentou:

— Está na hora de realizarmos a cerimônia de iniciação.

Cacá levantou-se, fazendo os dois rapazes levantarem-se também. Pegou uma navalha que levava consigo no bolso e, após pedir o dedo indicador de Bruno, furou-o. Vendo o sangue correr, fez o rapaz repetir suas palavras, uma jura de fidelidade à turma, em nome dos espíritos que moravam naquele lugar. O mesmo foi feito por André.

Cláudio e Celso, que olhavam a cerimônia com certa satisfação, ao verem o sangue dos rapazes cair, trataram logo de se aproveitar daquele fluido, selando um pacto entre eles e os dois garotos, como fora feito por todos os outros que estavam no local.

Ao terminar o ritual, Guto pegou um cigarro de maconha que estava em poder de Simone, acendeu-o e deu para André, dizendo:

— Agora que você é um dos nossos, experimenta. Vai gostar.

André, sendo influenciado por Cláudio, aceitou o cigarro, para alegria geral. Cláudio, procurando instigá-lo a continuar, fumava de maneira fluida junto com o rapaz, que, ao se sentir satisfeito, passou o cigarro para Bruno. Este, a princípio, hesitou, mas incentivado por seus novos amigos, acabou por experimentar. Sentiu uma leve tremedeira percorrer seu corpo. Logo uma sensação estranha lhe acometeu, seguida de uma leve tontura, que o fez sentar-se. Em poucos minutos, ele começou a ver bolas coloridas no lugar. Todos riram, ao ouvir seus comentários, ficando assim por um bom tempo.

A madrugada ia em alta quando os dois chegaram em casa, ainda sob o efeito das drogas. Acabaram por adormecer, sem se dar conta de que sombras escuras os seguiam, ficando junto a eles por toda a noite.

III

O COMEÇO DO VÍCIO

O sol estava alto quando André acordou. Corpo dolorido e uma forte dor na testa que parecia fazer com que sua cabeça fosse explodir. Por segundos pensou em ficar deitado, mas, ao olhar para o relógio na cabeceira da cama, levou um susto. Já era quase meio-dia. Havia perdido a hora da escola.

Levantou-se de súbito, precisava melhorar. Sua mãe chegaria

em casa no final da tarde e vê-lo naquele estado ia piorar sua situação. Decidiu tomar um banho. Nada melhor do que uma boa ducha para recompor as energias. Quando saiu do banheiro, sentiu-se melhor. Foi à cozinha, uma fome louca o acometera, fazendo com que o rapaz comesse mais que o habitual.

Ao terminar a refeição, sentiu-se completamente satisfeito, mas logo uma melancolia tomara conta de si, fazendo-o ficar deitado no sofá da sala. As horas foram passando lentamente para o rapaz, que, quanto mais tentava levantar daquele sofá, mais ficava deitado. Já estava para adormecer quando a campainha soou, fazendo-o levantar-se rapidamente.

Ao abrir a porta, viu a figura de Bruno, que, após cumprimentá-lo de forma jovial, adentrou o recinto. Quando se sentou, foi logo dizendo:

— Você está frito! Perdeu a prova de matemática e vai ficar com nota vermelha neste bimestre, já que na outra você tirou nota baixa. Eu não sei porque estou falando isso. Não consegui resolver nem uma equação sequer. Entreguei a prova em branco. Você precisava ver a cara do professor.

— Hei! Pare de falar feito uma matraca!

André olhou para o amigo, que falava sem parar. Ao olhar para seus olhos, pôde ver que estavam vermelhos.

— Você fumou de novo?

— Cacá acendeu um para nós quando acabou a aula. Estava me sentindo mal antes disso, triste, com vontade de chorar. Foi quando falei para eles o que estava sentindo. Guto falou que no começo é assim mesmo e que só passaria quando eu "fumasse" de novo. Cara, funcionou! A propósito, estou faminto. Tem um lanche aí?

— Vem comigo, vamos à cozinha!

André levou o amigo à cozinha, preparou um sanduíche com tudo o que se tem direito. Bruno o ingeriu rapidamente. Ao ver o amigo satisfeito, comentou:

— Você não deveria ter fumado hoje. Não faça mais isso. Sua mãe pode desconfiar, mesmo porque você está falando feito uma gralha e seus olhos estão vermelhos.

— Minha mãe só se preocupa com ela. Duvido que perceba. E, por falar em sintomas, Guto me disse que comemos mais após fumar.

— Deixe de falar besteiras. Vamos ao que interessa. Você combinou com o Cacá a hora de nos encontrarmos para o show de rock amanhã?

— Está tudo certo. Às dez horas, na praça perto da escola. De lá pegaremos o ônibus que nos deixará próximos ao salão onde será realizado o evento. E não se preocupe que o Cacá já arrumou duas identidades de garotos parecidos conosco, é claro, maiores de dezoito anos, portanto entraremos no local sem nenhum problema.

— Legal! Agora vá para casa e se tranque em seu quarto para sua mãe não o ver nesse estado. Eu preciso dar uma arrumada aqui em casa antes que minha mãe chegue.

Bruno saiu rapidamente. André, ao vê-lo fechar a porta, suspirou profundamente. Ver seu amigo consumindo narcóticos durante o dia o deixou preocupado, pois ele poderia dar bandeira, e, se Zélia descobrisse, com certeza ia falar com sua mãe e, mesmo que ele jurasse de pé junto que não tinha nada a ver com o assunto, Elza não acreditaria.

Faria um sermão daqueles e sabe Deus o que faria com ele, ou melhor, ele sabia sem dúvida nenhuma. Ela o mandaria morar com o pai, o que para ele era pior que ver a face da morte, mas isso provavelmente não aconteceria. Tomaria cuidado com ele e com Bruno para que nada desse errado.

E, com esses pensamentos, criou coragem para limpar a casa, terminando seus afazeres minutos antes de Elza chegar. Quando ela entrou, viu o filho sentado no sofá da sala, assistindo à TV. André, ao vê-la, levantou-se, deu-lhe um abraço, dizendo:

— Fiquei com saudades!

— Eu também, meu filho! — respondeu Elza, sentando-se no sofá.

— Como foram suas últimas vinte e quatro horas?

— Com relação ao trabalho, normal, mas eu estou péssima. Ontem à noite, um garoto da sua idade morreu em meus braços, de overdose. Eu não sei se fiquei com mais pena do garoto ou de sua mãe, coitada. É por isso que eu sempre lhe digo para ficar longe das drogas, André. Elas acabam com você e com todos à sua volta. Agora me dê mais um abraço.

André abraçou Elza carinhosamente, aliviado por não ter que dar continuidade àquele assunto. Sua mãe era careta. Só porque um ou outro garoto exagerava no consumo de drogas não significava que com ele aconteceria o mesmo. E, depois, era forte em pensamento. Quando achasse necessário parar de usar, com certeza conseguiria. Ser dependente era para fracos e ele não era um.

— Vamos jantar. Aposto que você preparou uma macarronada — comentou Elza, tirando o filho de seus pensamentos.

— Como a senhora sabe?

— Sua camisa está respingada por molho de tomate.

André riu prazerosamente ao olhar as manchas de molho na camiseta.

O jantar transcorreu tranquilamente. Elza comentava com alegria as lembranças de seu passado. Nada que André já não tivesse ouvido centenas de vezes. No final do jantar, ele e a mãe arrumaram a cozinha e foram se deitar, pois o dia seguinte seria de fortes emoções para ele e de um breve descanso para ela.

O sol aquecia todos os que estavam passeando pelas ruas da cidade de São Paulo quando Bruno acordou. Após fazer sua higiene pessoal, foi à cozinha tomar seu desjejum. A casa estava em completo silêncio, sinal de que sua mãe não estava no recinto, o que para ele era normal. Zélia não trabalhava fora, mas não parava em casa.

Quando terminou, lavou a xícara que usara para tomar o café e foi ao quintal. Já fazia algum tempo que não arrumava os objetos do lugar e aquilo de fato estava uma bagunça. O rapaz suspirou e tratou de colocar as mãos na massa.

Quando sua mãe chegou, ele estava quase terminando. Zélia, ao ver o filho com um pano nas mãos, limpando algumas ferramentas que eram de seu marido, foi ao seu encontro:

— Até que enfim você decidiu arrumar esses cacarecos velhos de seu pai. Por mim, ia tudo para o ferro-velho.

— A senhora fala isso porque não entende nada de ferramentas. Tudo o que tem aqui é útil e muitos são objetos caros. Papai deixou para mim uma herança em ferramentas que eu não dou nem vendo a ninguém. Tenho certeza de que se ele estivesse me vendo ficaria feliz.

— Seu pai morreu e não pode ver você, mas, se essas bugigangas são tão importantes, não vou importunar, desde que continue cuidando periodicamente de tudo. Não gosto de bagunça.

— Não se preocupe. Eu cuido para não deixar nada desarrumado.

— Acho bom. Bem, vou entrar. Não esqueça que é hoje que Ronaldo vem jantar em casa. Quero você aqui limpo e cheiroso quando ele chegar.

— Estar aqui tudo bem, mas limpo e cheiroso pra quê? O doutor Ronaldo, que eu saiba, está interessado na senhora, e não em mim.

— Deixe de ser malcriado, moleque. Você entendeu muito bem o que eu quis dizer. E pare de uma vez por todas de chamar o Rô de doutor.

— Pode deixar. Não vou esquecer de chamar o doutor Ronaldo só de Rô.

Zélia fez cara feia e entrou em casa. Bruno, ao vê-la zangada, sorriu. Gostava de provocá-la e sempre conseguia. Não que não amasse sua mãe, mas sempre que tinha uma oportunidade de contrariá-la ele o fazia. Em poucos minutos terminou seu trabalho e sem ter o que fazer decidiu atravessar a rua e ir até a casa do amigo ver como andavam as coisas por lá.

Ao aproximar-se da casa, apertou a campainha. Elza abriu a porta e deu um beijo em sua face, convidando-o a entrar:

— Você veio em boa hora. Acabei de fazer um suco de melancia. André está no seu quarto jogando Atari. Venha comigo.

Elza levou o garoto até a cozinha. Após fazê-lo sentar-se, ofereceu um copo de suco com alguns biscoitos, que Bruno aceitou sem cerimônia. Quando terminou de beber, comentou:

— Esse é o melhor suco de melancia que eu já tomei em toda a minha vida.

— Você fala isso toda vez que faço suco de melancia. Mas, mudando de assunto, como está sua mãe?

— Acho que está bem. A senhora sabe. Mamãe, desde que começou a namorar o doutor "Sabe Tudo", "Rô" para os íntimos, só sabe falar dele.

— É impressão minha ou está com ciúmes de sua mãe?

— Eu? Imagine, tia! Eu só não vou muito com a cara dele, é só isso. Bem, agora vou ver André. Com licença!

Bruno levantou-se rapidamente. Elza, ao vê-lo se afastar, ficou pensativa. Conhecia Zélia, as duas foram morar naquela rua mais ou menos na mesma época com seus maridos e tiveram filhos no mesmo ano, mas não possuíam uma amizade verdadeira e leal. Sempre que se viam, se cumprimentavam, quase sempre falavam dos filhos e de banalidades, mas não havia afinidade entre elas, mesmo porque Elza achava Zélia fútil e banal, ao contrário dela, que sempre batalhou em prol de uma vida melhor para ela e para os seus.

— Mãe... Mãe!

André soltou um berro para tirar Elza de suas meditações.

— O que houve?

— Em que mundo a senhora está? Vou dar uma volta com Bruno. Algum problema?

— Não! Podem ir, mas não demorem. O almoço estará pronto em uma hora. Vou esperá-los para fazermos a refeição juntos.

Os dois saíram rapidamente, indo em direção a uma pequena praça conhecida de longa data pelos jovens, que, sempre que desejavam jogar conversa fora, iam para o belo local. Em poucos minutos, os dois já estavam sentados em um banco embaixo de uma frondosa árvore, que, pelo calor do dia, proporcionava sombra fresca.

— Ontem eu não quis questionar você, mas você não deve ficar fumando à luz do dia, Bruno. É muito arriscado.

— Eu sei, mas está difícil. Por exemplo, agora estou louco por um cigarro. Você não sente a mesma vontade?

— Sinto os mesmos sintomas que você sente em relação à droga, mas temos que nos controlar. Já pensou se sua mãe descobre? Com certeza vai querer internar você em uma clínica para drogados e, é claro, vai contar para a minha mãe, que vai fazer o mesmo. É lógico que não na mesma clínica que a sua.

— Mas nós não somos drogados. Simplesmente estamos fumando um cigarro de maconha. Que mal há nisso?

— Para nós, nenhum, mas nossas mães não vão pensar assim. Nós sabemos que só estamos curtindo um pouco a vida.

— Está certo, mas vamos mudar de assunto. Cara, estou ansioso para ir ao show.

— Eu também. As melhores bandas do país vão se apresentar hoje. Vai ser demais.

— Só espero que minha mãe faça como sempre. Que jante e vá para o quarto com o doutor Sabe Tudo, senão vamos nos atrasar.

— Vire essa boca pra lá! Vai dar tudo certo. Agora vamos, minha mãe já deve estar nos esperando para almoçar. Não quero me indispor com ela.

Os dois voltaram conversando sobre os pormenores da noite que estava por vir. Ao entrar na casa de André, Elza já os esperava para almoçar. Os rapazes conversaram animadamente durante a refeição. Quando terminaram, os dois se trancaram no quarto para brincar com o Atari.

Elza estava se sentindo impaciente, apesar da aparência de tranquilidade naquele lar. Algo dizia em seu íntimo para ficar de olhos abertos para as atitudes de André, mas decidiu não pensar mais nisso. Decerto era coisa de sua cabeça, medo de admitir que seu filho já estava prestes a se tornar um homem e que, mais cedo ou mais tarde, criaria asas e voaria. E, com esses pensamentos, terminou seus afazeres domésticos, indo descansar um pouco antes de mais um dia de trabalho no hospital.

Bruno chegou em casa no fim da tarde. Ao entrar na sala, encontrou Zélia às voltas com um arranjo de flores. Por segundos pensou em provocá-la, mas desistiu. Ela, ao vê-lo, esboçou um sorriso. Estava ansiosa com o jantar de logo mais, não desejava ter mais um longo e exaustivo diálogo conflituoso com o filho, por isso limitou-se a lhe pedir:

— Vá tomar banho e arrume-se a prumo para logo mais. Ronaldo vai chegar e quero que esteja impecável para recebê-lo.

— Sem problemas! A propósito, não estou com fome, eu almocei na casa de André. Obrigado por se preocupar comigo.

Bruno foi para seu quarto, deixando Zélia pensativa. Seu filho lhe cobrava uma postura de mãe zelosa, o que para ela era difícil, não sabia como lidar com o filho. Desde que ficara grávida, queria que a criança fosse uma menina, assim seria mais fácil para ela, pois era mulher e cuidar e educar uma filha seria prazeroso, mas nasceu um menino. Não que ela não tenha ficado feliz, pelo contrário, pois estava bem casada.

Seu marido, como homem, cuidaria da educação e formação do filho, saberia a hora de lhe falar sobre sexo e todas as outras questões relacionadas ao universo masculino, mas Deus não quis assim. E ela com certeza se perdeu na formação de seu rebento. Era por isso que desejava a figura de um homem em seu lar. Se Bruno aceitasse Ronaldo, tudo seria mais fácil. Ela poderia viver com o filho e o namorado em perfeita harmonia.

Um longo suspiro foi dado por Zélia, que, procurando fugir de seus pensamentos, tratou de arrumar cuidadosamente a mesa para o jantar. Sorriu, em poucos minutos tudo estava arrumado a prumo, com bom gosto e elegância. Após tirar o avental que estava usando, foi para seu quarto se arrumar.

Uma hora depois, ela e Bruno estavam prontos para o jantar. Ela com seu vestido preto, com um decote em "V", que destacava ainda mais seus seios, e Bruno, que aproveitou a situação para ficar arrumado para o show, estava de jeans e camiseta preta.

Os dois estavam sentados no sofá da sala quando a campainha soou. Zélia levantou-se rapidamente e foi até a porta, onde recebeu seu namorado com um longo beijo, fazendo-o entrar. Ronaldo era um homem elegante, com seus quarenta anos, esbanjava charme. Sua pele morena se contrastava com os olhos cor de mel e os cabelos curtos, levemente grisalhos.

Bruno, ao vê-lo, levantou-se e o cumprimentou cordialmente, mas sem entusiasmo. Zélia, ao fazer o namorado se sentar, lhe ofereceu um drinque, que Ronaldo aceitou de pronto. Em seguida, pediu licença aos dois e foi à cozinha terminar de preparar o jantar.

Ronaldo, ao se ver a sós com Bruno, comentou:

— Vai ter um show de rock hoje, na cidade. Eu passei em frente à casa de show e já há fila para entrar no local. A maioria é de jovens mais ou menos da sua idade. Engraçado é que coincidentemente muitos estavam usando jeans e camiseta preta. Parece que é uma espécie de uniforme quando os jovens vão a esses lugares. Você vai a esse show?

Bruno empalideceu com a pergunta. Sem querer, o doutor Sabe Tudo acertou em cheio. Mas procurou tranquilizar-se, respondendo em tom quase indiferente:

— É pura coincidência. Minha mãe nunca deixaria eu ir a um show de rock.

— Disso eu sei, mas já tive a sua idade, meu rapaz. Sei que, quando um adolescente quer algo, ele consegue de uma forma ou de outra, por bem ou por mal, entende?

— Entendo, mas nesse caso em especial o senhor está errado. Não vou para esse show de uma forma ou de outra, entendeu?

Bruno suspirou. Estava com vontade de gritar para Ronaldo que iria ao show e que isso não era problema dele, mas se conteve. Ronaldo, ao ver o rapaz inquieto, mudou de assunto, o que foi um alívio para Bruno.

Logo Zélia chegou, convidando-os para irem até a sala de jantar, onde se serviram prazerosamente da refeição. Bruno comia calado enquanto sua mãe tagarelava o tempo todo, no intuito de agradar Ronaldo, que ouvia com imenso prazer e com certo brilho a mais nos olhos.

Quando o jantar terminou, todos foram para a sala e Bruno, alegando dor de cabeça, trancou-se em seu quarto, deixando a mãe à vontade com Ronaldo, que, ao ver o rapaz se afastar, comentou:

— Bruno está estranho. Procure conversar mais com ele. Sinto que seu filho está querendo se rebelar.

— Não se preocupe! Ele está assim porque estou com você. Sabe como é adolescente, parece vulcão em erupção, leva tudo ao pé da letra, sente intensamente qualquer situação e faz da mínima dificuldade um problema mundial.

— Eu sei, mas Bruno está na pior fase da adolescência. É quando a sociedade começa a cobrar uma postura mais responsável, mais adulta. As pessoas já começam a questionar sobre profissão, e nem sempre os garotos estão preparados para isso. E, o pior, eles buscam válvulas de escape em drogas, sexo e bebidas alcoólicas. É nisso que você deve pensar e se preocupar.

— Ora, meu amor! Sei que você está preocupado com o meu bem-estar e o de meu filho, mas não precisa exagerar. Conheço Bruno e sei que ele nunca iria se envolver com drogas.

— Deus a ouça!

Zélia beijou Ronaldo carinhosamente, ficando assim por um longo tempo e esquecendo de tudo ao seu redor.

IV

UM SHOW E UMA TRAGÉDIA

A noite já estava por vir quando Francisco foi se arrumar para fazer o bico de segurança em um salão de shows. Fausta estava fazendo tricô quando o filho se aproximou, vestido a prumo para mais uma noite de trabalho.

— Você está lindo. Nem parece que vai trabalhar — comentou Fausta, após olhá-lo admirada, de cima a baixo.

— São seus olhos, mãe. Além do mais, estes trajes fazem parte das normas para os seguranças da casa de show.

— Eu sei. Gostaria tanto de lhe ajudar financeiramente, mas vivo de uma pensão mínima que mal dá para meus remédios. Não gosto de vê-lo trabalhar tanto.

— Não se preocupe! Gosto de meu trabalho. É cansativo, concordo, mas prazeroso.

Francisco mal terminou de falar quando a campainha soou. Fausta parou de fazer seu tricô e foi abrir a porta, já sabendo de quem se tratava. Era Emília, sua vizinha e amiga, que iria lhe fazer companhia na ausência do filho. Francisco, ao ver de quem se tratava, cumprimentou-a cordialmente, dizendo em seguida:

— Fico feliz que a senhora tenha vindo passar a noite com minha mãe. Deixe-me seguir meu caminho, senão me atraso.

Fausta deu um beijo no rosto do filho, que, após se despedir das duas, saiu para mais uma noite de trabalho. Emília, ao ver-se a sós com a amiga, comentou:

— Sinto que está com uma ruga de preocupação.

— Uma não, várias. Francisco anda estranho. Acho que está apaixonado por alguém.

— E você, é claro, está armada contra isso.

— Estou! Não pelo fato de ele estar gostando de alguém, mas sabe como é filho único, criado com amor e carinho. Não dei educação e toda uma formação moral ao meu menino para ele se enrabichar por uma mulher qualquer.

— Está com ciúmes, isso sim. Mas não deve se preocupar com essa paixão, mesmo porque são suposições suas e nada mais.

— Não são suposições, mas por enquanto você está certa. Não tenho nada com que me preocupar. Não é a primeira mulher por quem meu filho se apaixona e não será a última.

— Até hoje, você só conheceu uma. Coitada daquela moça! Como era mesmo o nome dela?

— Sílvia. Nem me lembre. Mulherzinha sem sal e sem açúcar. Não sabia nem lavar louça. Quando Francisco a convidava para vir aqui em casa, eu tinha vontade de matá-la. Onde se viu, ficar sentada no sofá e não levantar para nada, nem para se oferecer a lavar o prato que comeu? A única vez que tentou lavar, fez de qualquer jeito. Cheguei a encontrar resto de comida no prato. Que horror!

— Pois eu gostei dela. Sei o quanto você é implicante. Nem conheço essa súbita paixão de Francisco, mas, conhecendo você da forma que conheço já tenho dó da pobre moça, se chegar a conhecê-la, Fausta.

— Vamos mudar de assunto. Estou ficando enjoada com essa conversa.

Emília fez sinal de positivo. Há muito que conhecia a vizinha. As duas eram amigas íntimas e ela sabia muito bem que falar sobre os relacionamentos de Francisco era o mesmo que cutucar uma grande ferida em Fausta.

Já passava das onze horas da noite quando André chegou com Bruno e sua turma na casa noturna. O calor do local e a quantidade de pessoas que estavam lá deixaram o grupo eufórico. Havia uma banda se apresentando no palco do salão, os jovens dançavam e cantavam ao som do rock-'n'-roll. Logo André acendeu um cigarro da erva que ele e Bruno compraram de Cacá. Em poucos minutos, os dois se sentiram à vontade, a droga os deixava mais soltos e desinibidos e começaram a pular no ritmo da música.

Os jovens se divertiam, risos e paqueras eram a onda do lugar. André olhava tudo atentamente, quando seus olhos se depararam com uma garota. Bruno, que percebeu os olhares do amigo, comentou:

— Se eu fosse você, eu ia falar com a mina. Ela está caidinha por você.

— Eu vou mesmo.

André deixou o amigo, que continuou a ouvir o som e foi ao encontro da garota. Após se apresentar e receber o aval para acompanhá-la, perdeu-se no meio da multidão com sua paquera. Bruno, que ficou com o grupo, logo foi abordado por Simone:

— Seu amigo parece que se deu bem. Que tal, agora que está sozinho, ir comigo até o barzinho do salão para conversarmos mais à vontade.

— Ótimo! — respondeu Bruno, olhando fixamente nos olhos de Simone.

Ao perceber que a jovem estaria querendo namorá-lo, abraçou-a, saindo de perto do resto do grupo.

A madrugada ia a esmo quando a última banda pisou no palco. Cacá e Guto conversavam quando um jovem esbarrou com o ombro em Guto, provocando uma discussão. Em poucos minutos, a turma do rapaz aproximou-se. Cacá, vendo-se em desvantagem, procurou apaziguar a situação, quando um dos rapazes o empurrou, dizendo:

— Vocês dois são muito folgados. É melhor ficarem quietos.

Guto, que não gostava de levar desaforos pra casa, foi quem respondeu:

— Sou folgado mesmo! Tá a fim de brigar, cai junto!

Foi a gota d'água para a confusão começar. Guto se atracou com o rapaz e Cacá, ao levar um soco do outro, entrou na briga, até que um outro rapaz pegou uma garrafa de bebida e atacou em sua cabeça, fazendo-o cair ao chão. Em poucos segundos os seguranças invadiram o local. Na confusão, os jovens procuravam correr, muitos pisoteando Cacá, que desfalecido não conseguia se mover.

A banda parou de tocar, a polícia foi chamada ao local que logo ficou vazio, só com o corpo de Cacá estirado ao chão frio, quase inerte. Francisco, que estava no local, foi o primeiro a se aproximar do rapaz. Após verificar que o rapaz ainda respirava, chamou uma ambulância e seguiu com ele até o hospital onde trabalhava, que ficava a algumas quadras do local.

A ambulância chegou rapidamente à porta do hospital. Elza fora chamada para os primeiros socorros, mas, ao se aproximar da maca junto com o médico de plantão, este o conduziu direto para a sala de operação.

Cacá estava todo ensanguentado, perdera muito sangue e, com os pontapés e as pisadas que levara na cabeça, acabou sofrendo traumatismo craniano. Elza auxiliava o médico com o coração apertado. Fizeram tudo o que estava a seu alcance para ajudar a salvar a vida do rapaz, que, com o raiar do dia, apagou-se para esta existência, deixando a equipe médica triste por não poder salvar a vida de um jovem que mal pudera conhecer a vida, desencarnando no auge de sua adolescência.

O domingo estava ensolarado quando Bruno levantou-se. A princípio sentiu o corpo dolorido, mas, ao lembrar-se de sua mãe e de Ronaldo, que pela hora já estariam de pé, criou forças para ir ao banheiro fazer sua higiene pessoal, pois não podia transparecer uma noite mal dormida.

Lavou o rosto e, ao se olhar no espelho, espantou-se. Estava com os olhos vermelhos e uma aparência horrível, mas sabia o que fazer caso alguém o questionasse sobre sua aparência. Penteou os cabelos, escovou os dentes e foi à cozinha, onde Zélia servia o café da manhã para Ronaldo, que, ao vê-lo, comentou:

— Você está com cara de quem não dormiu direito. Teve insônia?

— Não! Quero dizer, sim! Estou me sentindo mal, acho que estou gripado — respondeu Bruno, sentando-se à mesa e se servindo de uma xícara de leite quente.

— Quer ir ao médico, filho? Ronaldo está de carro, poderá levá-lo.

— Não, não é necessário, mãe. Vai passar.

Ronaldo olhava atentamente para o rapaz enquanto tomava café. Conhecia bem a vida e as pessoas. Era advogado e sabia quando alguém estava mentindo. Decidiu então ver até onde o rapaz ia com suas mentiras, então questionou:

— Você lembra daquele show de que te falei?

— Lembro. Por quê?

— Estava ouvindo há pouco, no rádio. Parece que teve uma briga e, no tumulto, um garoto morreu. Parece que era menor e que entrou na casa noturna com um documento escolar falsificado.

Bruno tremeu. Estava no local na hora da confusão, mas não viu ninguém machucado. Pensou em André. Ele não viu mais o amigo depois que este saiu com a garota. Quando ele saiu do show com Simone, decidiu ir direto para casa e não encontrou ninguém da turma. Curioso por saber quem foi o garoto que morreu, perguntou com ar de pouco caso:

— Essas coisas acontecem. É por isso que não tenho nem vontade de ir a esses lugares. O senhor sabe quem é esse garoto?

— Falaram o nome do rapaz. Chamava-se Carlos "Alguma Coisa". Era conhecido por Cacá...

Bruno engasgou-se com o leite que estava tomando. Zélia tratou de dar leves batidas nas costas do filho, no intuito de fazê-lo desengasgar-se. Ronaldo, vendo o estado emocional do rapaz, continuou a falar:

— Ele estudava na mesma escola que você e no mesmo ano escolar. Você o conheceu?

Bruno baixou a cabeça, estava confuso demais com o que acabara de ouvir. Sem saber o que fazer, levantou-se da mesa, respondendo:

— Conheci. Era meu colega de classe. Agora dá licença, preciso avisar o André.

O rapaz saiu em disparada. Ronaldo, ao vê-lo se afastar, colocou a mão sobre o braço de Zélia, dizendo:

— Fique de olho em Bruno. Tenho uma leve impressão de que ele está mentindo para você. Algo me diz que ele foi a esse show.

— Ora, meu amor, que ideia! Bruno não faria isso. E, depois, eu tranquei a porta quando fomos nos deitar.

— Você parece que nunca foi adolescente. Quando eles querem fazer algo, ninguém os segura. Olha, gosto de Bruno, sei que ele não gosta de mim e eu o entendo, mas fique de olho nas atitudes dele.

— Vou procurar saber mais sobre o que se passa pela cabeça dele, prometo!

Zélia abraçou Ronaldo que retribuiu com um beijo, esquecendo-se momentaneamente do que se passava à sua volta.

Bruno chegou à porta da casa de André, coração disparado, não querendo acreditar no que ouvira de Ronaldo. Olhou para a casa do amigo, as janelas estavam trancadas. Na certa, André estaria dormindo. Decidido, colocou o dedo sobre o botão da campainha, fazendo-a disparar insistentemente. Como não foi atendido, começou a chamar pelo nome do amigo aos berros. Minutos depois, André apareceu à porta. Pediu para Bruno entrar. Ao ver a face pálida do colega, perguntou:

— O que houve dessa vez, Bruno?

— Onde você estava ontem, na hora do tumulto no salão?

— Tumulto? Que tumulto? Eu não vi nada. Saí do show com aquela gata maravilhosa e você não vai acreditar. Tive uma noite e tanta. Meu, foi incrível!

André falava cada vez mais empolgado, fazendo Bruno ficar calado. Em poucas palavras, contou tudo sobre sua primeira aventura amorosa para o amigo, que, após terminar de ouvir o relato do rapaz, contou:

— Sinto ter que jogar um balde de água fria em sua euforia, mas houve uma briga na casa de show e agora de manhã, segundo o doutor Sabe Tudo, o rádio noticiou a morte de um garoto, o Cacá!

André apoiou-se no braço do sofá da sala para não cair. Sua cabeça começou a rodar, procurando entender o que se passava.

— Não pode ser! Deve haver algum engano. Espere! A casa de show fica próxima ao hospital onde minha mãe está trabalhando. Talvez ela saiba nos informar melhor, você vai ver. Vou ligar para o hospital e falar com ela. Aconteceu algum engano.

André pegou o telefone, após discar o número desejado, uma voz do outro lado da linha atendeu. Era a recepcionista. Ele identificou-se e, após pedir para falar com sua mãe, pôs-se a esperar. Minutos depois, a voz de Elza pôde ser ouvida por ele.

— O que houve, filho?

— Comigo nada, mãe. Dormi feito um anjo. É que Bruno está aqui. Ele ouviu no rádio uma notícia de morte. Acho que ele fez alguma confusão, está dizendo que um colega nosso morreu. Seu nome é Carlos, mais conhecido por Cacá. A senhora está sabendo de alguma coisa?

— Olha, filho! Sinto muito, mas Bruno não se enganou. Infelizmente esse rapaz, o Cacá, deu entrada aqui no hospital com traumatismo craniano. Nós fizemos de tudo para salvar sua vida, mas infelizmente não foi possível.

— Tá, mãe! Obrigado! Vou até a casa de Cacá para me informar sobre o enterro. Beijos!

André desligou o telefone sem saber o que falar para Bruno. Os dois ficaram quietos por um longo tempo. André, após colocar sua cabeça em ordem, disse:

— Vamos, Bruno! Temos que saber sobre o velório. Vamos à casa de Guto. Ele e Cacá eram chegados. Na certa, teremos notícias.

Os dois rapazes saíram quietos. Nenhum dos dois ousava dar uma palavra sobre o ocorrido. Estavam estranhos, sentimentos contraditórios, eles eram novos no grupo de Cacá, mas este era o líder, o que fez com que eles se apegassem um pouco mais a ele. Mas agora a morte o levara para nunca mais voltar e suas identidades recém-descobertas estavam arranhadas, sem saber para onde ir e o que fazer.

Elza estava na cantina do hospital comendo um lanche, pensamento longe, lembrando-se do rapaz que morrera horas antes. Meire, após pegar um café, sentou-se ao lado da amiga e tirou-a de sua apatia.

— Está pensando em quem? Eu vi quando você e Francisco ficaram de bate-papo. Acredite, consigo ler o que o corpo diz e tenho certeza de que o corpo dele dizia: "Elza, eu te quero, te amo!"

— Vou fingir que não ouvi isso. Você está cada vez mais louca.

— Louca, eu? Nem um pouco. É serio, Elza! Dá uma chance para Francisco, ele está caidinho por você.

— Pare com essa conversa, Meire! Muda o disco. Eu não quero me relacionar amorosamente com ninguém. Além do mais, meu trabalho já ocupa quase todo meu tempo. O que sobra, procuro ficar com meu filho que, diga-se de passagem, está precisando de mim. Não tenho tempo para me dedicar a quem quer que seja.

Meire calou-se por instantes. Após tomar um gole de café, voltou a falar, mudando de assunto:

— Por falar em André, esse garoto que morreu era amigo dele?

— Já vi que a fofoca chegou aos seus ouvidos. Eu só comentei com a recepcionista que passou o telefonema de meu filho para mim.

— Nessa altura do campeonato, os pacientes da UTI estão a par do assunto. Você sabe como são as coisas neste hospital.

— Sei, mas com relação à sua pergunta, o Cacá estava na mesma sala que André. A essa altura ele deve estar com Bruno no velório do rapaz. Agora tenho que voltar ao trabalho. Ainda não acabou o meu plantão.

Elza levantou-se e em poucos minutos sumiu no vasto corredor de acesso à enfermaria, deixando Meire procurando em sua mente uma forma de fazê-la namorar Francisco.

V

O grupo continua

Ronaldo estava lendo um processo judiciário em seu escritório quando Gildo, seu sócio, entrou no local, tirando sua concentração.

— Você não consegue trabalhar sem fazer barulho?

— Não, e sabe disso — respondeu o amigo, com um belo sorriso.

Gildo era dois anos mais novo que Ronaldo. Os dois se conheceram na faculdade, onde mesmo em anos diferentes fizeram sincera amizade e decidiram abrir juntos um escritório. Primeiro Ronaldo, que se especializou em advocacia criminal, e, dois anos depois, Gildo se juntou a ele. Este decidiu se especializar na parte trabalhista, pois se identificava mais com essa área. Há anos trabalhavam juntos, eram quase irmãos. Gildo, vendo a face carrancuda do amigo, perguntou:

— O que está te afligindo? Não diga que brigou com Zélia?

— Não. Estou preocupado com Bruno. Ele está usando drogas e Zélia nem desconfia.

— O que tem de mais? Pelo que sei, o rapaz é adolescente e é normal experimentar coisas diferentes nessa fase.

— Seria normal se ele experimentasse uma única vez, ou melhor, se nem experimentasse. Maconha é droga, vicia e prejudica, não só o físico, mas o psíquico e principalmente o astral. Quando se usa a droga, vários espíritos viciados passam a consumir junto com os encarnados, causando problemas desnecessários, que poderiam muito bem ser evitados.

— Lá vem você com essas suas teses sobre astral e espiritualidade. Quando você fala assim, fico imaginando a cena. O garoto lá consumindo drogas e um monte de espíritos viciados próximos a ele.

Gildo riu prazerosamente. Ronaldo, que não se deixou fazer de rogado, respondeu:

— Você brinca, mas é sério. Há vários espíritos que se aproveitam dos pontos fracos dos jovens para viciá-los, no intuito de compartilharem fluidicamente dos tóxicos. Leio bastante, o que me faz raciocinar. E, acredite, tudo o que leio sobre o assunto tem lógica.

— Não duvido. É um homem esclarecido e culto. Sua palavra deve ser no mínimo respeitada, pois sabe o que fala, mas prefiro não me envolver com essas questões. A única coisa que não compreendo é o que você está fazendo ao lado de Zélia. Me desculpe, mas ela é fútil demais para você!

Ronaldo ficou um pouco pensativo, como quem quer procurar a resposta dentro de si mesmo. Minutos depois, respondeu:

— Gosto de Zélia, conheço seus defeitos. Não sou mais adolescente que vive amores intensos. Acredito que a vida ensina e molda as pessoas na hora certa e, acredite, sinto que ela está se encaminhando para aprender. O Universo é benfeitor e sempre, sempre, caminha a favor de todos.

— Nossa, Ronaldo, que bonito! Cheguei a ficar comovido. Se você se candidatar a presidente nas próximas eleições, voto em você.

Gildo deu um leve tapinha nas costas do amigo que lhe respondeu, rindo:

— Mal conseguimos ter eleições diretas e você já quer me ver na presidência da república?

— É que leva jeito para isto, caro Rô.

Ronaldo esboçou um sorriso e voltou a trabalhar. Tinha muito o que fazer no escritório. Gildo, por sua vez, pegou uma pasta de documentos e saiu da sala rumo ao fórum, deixando o amigo lendo sossegado.

A noite estava estrelada. O céu claro promovia um espetáculo de rara beleza, já que quase sempre não se podiam ver tantas estrelas na cidade de São Paulo, pois a poluição geralmente impede o espetáculo dos astros.

Bruno e André conversavam em uma praça pública quando Guto e Simone se aproximaram dos dois, que os cumprimentaram. Assim que os dois se sentaram, Guto começou a falar:

— Já faz mais de uma semana que Cacá morreu. Marquei este encontro aqui com vocês porque precisamos discutir sobre o andamento do grupo.

— Discutir o quê? Cacá morreu, ele era o líder da turma. Agora cada um que siga o seu caminho — André estava irritado.

Guto, após ouvir a opinião do rapaz, soltou uma gargalhada, respondendo em seguida:

— Você está achando que é tão fácil assim? Temos um juramento que não pode ser quebrado. Ninguém sai da turma. Você e Bruno juraram no cemitério perante os espíritos e eles irão lhe cobrar esse juramento.

André ficou pensativo. Não acreditava na história de espíritos. Aquilo era no mínimo paranoia do grupo, que, com medo dos tais espíritos, fazia tudo o que o líder mandava e na certa, com a falta de Cacá, Guto assumiria a liderança. Simone, que ouvia a conversa, comentou:

— Se eu fosse vocês dois, não ficaria brigando. Devemos eleger um novo cabeça para a turma. Eu já falei com o resto do pessoal, todos continuarão conosco. Só queremos saber qual é a posição de vocês. E aí?

Simone endereçou o olhar para Bruno, que tratou logo de responder:

— Eu vou continuar, não por essa história de espíritos, mas porque gosto de estar com a turma.

— Por que não diz que gosta de ficar ao lado de Simone, Bruno? Não é esse o motivo que o faz continuar no grupo?

— Olha, André, se você está azedo, vá comer açúcar. Não venha com seu mau humor pra cima de mim.

— Não estou descontando meu mau humor em você. Eu só gosto de colocar os pingos nos "is".

— Dá para vocês pararem de discutir? Estou cansado de falar. Amanhã à noite escolheremos o novo líder. Se vocês não forem, vamos considerá-los fora da turma, mas não digam que não avisei quando se derem mal. Agora, tchau para vocês!

Guto rodou os calcanhares e saiu. Simone, após vê-lo sumir de suas vistas, comentou:

— Guto está certo que será o novo líder. Não gostaria de tê-lo no comando.

— Olha, você quer que eu seja sincero? Andei pensando sobre a turma essa semana. Acho que vocês são pirados.

— Não sabe nada sobre o nosso grupo, André. É por isso que pensa dessa maneira. Cacá não teve tempo de lhe ensinar sobre nossa filosofia.

— Filosofia? Desde quando ficar durante a noite no cemitério fumando e bebendo conhaque é filosofia?

— Hoje não dá para falar com você. Quando estiver mais calmo, me procure. Agora, tenho que ir embora, senão minha mãe vai pegar no meu pé.

Simone deu um beijo em Bruno e saiu. André pensou em falar com o amigo, mas desistiu, estava extremamente irritado para conversar com quem quer que seja. Levantou-se e pôs-se a caminhar, sem dar uma palavra a Bruno, que, conhecendo o amigo, não insistiu em um diálogo.

Elza chegou em casa cansada. Após procurar por André e não achá-lo, irritou-se. Já passava das dez da noite e seu filho estava cada vez mais distante e se tornando arredio. Decidiu ir tomar banho. Na certa ele chegaria a qualquer momento e o melhor que teria a fazer era lavar-se e jantar, assim teria tempo e disposição para conversar com André. Em poucos minutos estava limpa e alimentada, lendo uma revista que comprara a mais de uma semana e pela falta de tempo ainda não havia lido.

André chegou em casa uma hora depois. Ao ver a mãe na sala à sua espera, esquivou-se. Elza, ao vê-lo, foi perguntando em tom sério:

— Posso saber onde o senhor estava?

— Fui dar uma volta com Bruno. A noite está tão bonita que acabei perdendo a noção das horas.

— Você sabe que não gosto que fique na rua até tarde.

André olhou para a mãe. Por segundos, passou um filme de sua vida. Elza sempre fora cuidadosa e prestativa, mas ultimamente seu zelo exagerado o incomodava, logo um leve tremor percorreu-lhe a espinha, e, sem pensar no que falar, respondeu:

— Se depender da senhora, morro dentro desta maldita casa! Será que não percebe que não sou mais criança?

Elza estranhou o tom de voz do filho, mas não se fez abater, levantando mais ainda o tom de voz para lhe responder:

— Escuta aqui, mocinho! Que não é mais criança, eu sei. Você quer ser independente, cresça e apareça. Por enquanto, ainda tem dezessete anos, é menor de idade e depende de mim para viver. Se quer fazer o que quiser da sua vida, quando ficar maior de idade perante a lei, arrume um emprego e vá ser dono de seu nariz. Enquanto isso não acontecer, eu dou as ordens aqui e terá que me obedecer.

— Exatamente por isso que saí. Estou cansado dessa ditadura. Mas não se preocupe. A partir de amanhã, vou procurar um emprego e, quando fizer dezoito anos, saio de casa.

André foi para seu quarto, deixando Elza sem saber o que fazer.

Francisco entrou em casa cantando. Estava contente. Elza a cada dia se tornava mais próxima dele. Os dois conversavam sempre que se viam e, quando os plantões deles se combinavam, ele a levava para casa. No caminho, conversavam sobre assuntos diversos. Ele gostava de ouvi-la e, nos últimos dias, teve ímpetos de abraçá-la e dizer-lhe o quanto a desejava, mas continha-se, precisava de um momento próprio para isso. Quando a convidara para jantar na noite seguinte e a resposta fora positiva, seu coração disparou. Faria de tudo para impressioná-la e, com certeza, a conquistaria.

Fausta, que estava na sala, olhou para o filho. Seus olhos diziam o que vinha em sua alma, o que a fez contrariar-se, mas dissimulou, comentando:

— Fiz uma torta de frango. Estava esperando você chegar para comermos juntos. Que tal?

— Ótimo, mãe! Estou com o estômago nas costas.

Fausta foi à cozinha enquanto Francisco lavava as mãos no lavabo. Quando voltou à sala com uma bandeja nas mãos, encontrou-o sentado. Decidida a saber o que se passava pela mente do filho, serviu-o de um bom pedaço de torta, questionando:

— Você anda com um ar diferente. O que está acontecendo? Por acaso está apaixonado?

Francisco pensou em lhe falar sobre Elza, seus sentimentos e sonhos, mas não teve coragem. Melhor seria mantê-la longe desse romance, esperaria até ter certeza de que sua amada corresponderia a esse amor e só depois comunicaria a mãe, assim ela não atrapalharia o namoro, uma vez que ele e Elza estivessem seguros de seus sentimentos.

— Que ideia, mãe! Só estou de bem com a vida. Tenho um amigo, o Ronaldo, que estudou comigo no colegial e que hoje é advogado. Ele sempre dizia que, quando estamos de bem com a vida, atraímos boas vibrações para nós e para os que estão ao nosso redor, tornando o dia-a--dia muito mais fácil e os problemas desaparecem no éter do nada.

— Sei, e desde quando acredita nessas teorias?

— Desde sempre. Não gosto de me aprofundar em nada, mas tudo o que me faz bem eu aceito como verdadeiro e é isso o que importa.

Fausta calou-se. Sabia que o filho estava desconversando, mas no dia seguinte procuraria por Emília. Talvez ela pudesse dar as respostas às suas indagações.

Francisco comeu prazerosamente a torta. Em seguida, despediu-se da mãe e foi se deitar. Teria um longo dia pela frente e tinha que estar descansado, assim estaria em boa aparência para o encontro com Elza. E, com esses pensamentos, acabou adormecendo, sem se dar conta da fúria que provocara em sua mãe, que, ao contrário, quase não pregou os olhos durante a noite.

VI

Um novo líder para a turma

Fausta cuidava de sua casa quando Emília, após bater a porta que estava aberta, entrou com um embrulho nas mãos.

— Recebi seu recado. Vi quando Francisco saiu para trabalhar.

— Ótimo! Trouxe o tarô?

— Está aqui, mas...

— Nem mais nem menos! Venha! Vou arrumar a mesa da

cozinha, pois meu filho não saiu para trabalhar, está de folga. Só foi cortar os cabelos e logo estará de volta. Não temos tempo a perder.

Emília seguiu até a cozinha, onde colocou seu pacote sobre a mesa. Trouxe um pano vermelho e, com a ajuda de Fausta, cobriu o móvel. Em seguida, sentou-se, fazendo menção com a cabeça para que a amiga fizesse o mesmo. Pegou seu jogo de tarô e passou a embaralhá-lo de olhos fechados. Após alguns instantes, disse com voz calma e serena:

— Você quer saber sobre a vida de seu filho, portanto, pegue as cartas e corte três vezes, pensando nele.

Fausta fechou os olhos, procurando pensar em Francisco. Em seguida, cortou as cartas. Emília, então, as pegou e passou a colocá-las na mesa. Quando todas foram postas, ela as analisou calmamente, fazendo Fausta ir de ansiosa a irritada com a demora.

— Anda! Fale logo o que você está vendo!

Emília respirou fundo, procurando ter cautela na forma de se expressar.

— Francisco está apaixonado. Veja o imperador ao lado da imperatriz, tendo a carta da morte e do louco à sua volta.

Emília apontava as cartas para a amiga, que, sem entender o que estava acontecendo e não querendo maiores explicações, interrompeu-a:

— Tá, tá! Vamos direto ao que interessa! O que isso significa? Meu filho corre risco de vida ao lado dessa mulher? Se for isso, faço o que for para impedi-los de ficar juntos.

— Posso falar? Acalme-se! Seu filho está apaixonado por uma mulher que está muito próxima a ele. Provavelmente devem trabalhar juntos, mas os dois terão vários obstáculos e um mar de lágrimas em sua volta, o que significa vários dissabores. Agora, vou fechar o jogo para saber se eles conseguirão ficar juntos depois da tempestade.

Emília recolheu as cartas e já as estava embaralhando de novo, quando Fausta levantou-se abruptamente.

— Não precisa continuar, pois já sei a resposta! Francisco nunca ficará com essa mulher, nem por cima do meu cadáver. Poupe seus dons.

Emília ainda tentou questionar, mas foi em vão. Recolheu suas coisas e as guardou. Fausta se acalmou, pegou uma xícara de café e, após colocar o líquido quente que estava dentro da garrafa térmica, ofereceu à amiga, desculpando-se:

— Não gosto nem de pensar que meu filho esteja gostando de uma mulher problemática. Perdão pela grosseria.

— Quando é que vai deixar seu filho caminhar pelas próprias pernas, Fausta? Francisco já é homem feito. Não pode impedir que ele aprenda o que tiver que aprender sozinho. Se eu fosse você, deixava ele viver a sua vida do jeito que achar melhor. Nós somos a soma de tudo o que passamos nessa vida, as boas e as más situações nos fazem crescer e nos tornamos o que somos. Não há como impedi-lo de passar pelo que estiver escrito, ou seja, maktub.

Emília colocou a xícara na mesa e saiu, sem ouvir a resposta da vizinha, que, após a saída da amiga, ficou perdida em seus pensamentos, procurando a melhor forma de acabar com o romance do filho.

André chegou do colégio calado. Desde a noite anterior, quando discutira com a mãe, estava assim, mudo, com cara de poucos amigos. Elza, que estava preparando o almoço, chamou-o para a refeição. Este o fez quase a pulso, pois sabia que, se não se sentasse à mesa para comer, com certeza teria outros aborrecimentos. Mas estava sem fome, após ingerir duas colheres de arroz com feijão, pediu licença e saiu do recinto, deixando sua mãe ainda mais irritada com aquela situação.

A tarde já ia em alta quando a campainha soou. Elza, que estava pintando as unhas para o encontro de logo mais, foi atender, já que gritara para o filho e este não ouvira, pois estava com o aparelho de som ligado no último volume. Ao abrir a porta, deparou-se com a figura de uma jovem moça vestida de jeans e camiseta escura. Tentou reconhecê-la, mas foi em vão, então decidiu perguntar:

— Pois não!

— Oi! O André está?

Elza olhou para a garota de cima a baixo e logo constatou se tratar de uma adolescente no mínimo rebelde e de algum grupo desses que curtem rock da pesada e passam por góticos, sem saber bem o que estão fazendo e contra o que ou a quem se rebelar, mas procurou ser agradável ao responder:

— Ele está no quarto descansando. Vou ver se está acordado. Qual é o seu nome?

— Simone. Diga a ele que preciso muito bater um papo, por favor!

Elza esboçou um sorriso e entrou, indo à procura de seu filho em seu quarto. Comunicou-lhe sobre a presença da moça. Uma vez autorizada, voltou à porta e convidou a amiga do filho para entrar, fazendo-a sentar-se na sala, enquanto André cuidava um pouco da aparência. Em poucos minutos ele adentrou a sala, onde Elza conversava com a moça. Logo pôde perceber que sua mãe estava fazendo um tremendo interrogatório sobre a vida da amiga, que, se vendo em situação difícil, expressou alívio ao ver o rapaz aproximar-se, dando-lhe um beijo no rosto. Quando Elza saiu para fazer um refresco, André comentou:

— Pô, Simone! Não deveria ter vindo aqui sem me avisar antes.

— Eu não sabia que sua mãe estava de folga. Ela nunca está em casa. E preciso falar com você. É sobre o que vai acontecer hoje à noite. Você tem que saber algumas coisas que...

— Psiu! Não diga nada. Minha mãe deve estar com os dois ouvidos aqui. Vou dar um jeito de sairmos. Enquanto isso, fale alguma baboseira da escola.

Simone entendeu bem o recado, passando a falar sobre a última prova de português. Elza entrou na sala segurando uma bandeja com alguns aperitivos e sucos, retirando-se em seguida. Mesmo cismada com a amizade do filho, não ficou de butuca na conversa dos dois. Ao contrário, por mais que fosse zelosa, não gostava de invadir a privacidade de André. Que ele estava indo para o mau caminho, disso ela não tinha dúvidas, mas não seria ouvindo por trás das portas que ia resolver o problema. E, com esses pensamentos, tratou de continuar se arrumando para o encontro com Francisco.

André, após tomar o lanche, foi ao quarto da mãe, onde a encontrou fazendo escova no cabelo, e avisou-a que ia dar uma volta com a amiga. Sem esperar para ouvir as recomendações da mãe, saiu de casa. Na rua, vendo-se livre para falar o que quisesse, comentou:

— Espero que o que você tem a falar comigo seja sério, Simone!

— E é! Vamos até aquela praça onde sempre ficamos conversando que eu lhe conto o motivo.

Os dois andaram algumas quadras em silêncio. Logo chegaram à bela praça, onde após se sentarem em um banco do jardim, Simone começou a falar:

— Você está querendo sair de nosso grupo. Gosto de você e não quero que se meta em confusão.

André soltou um riso cínico ao ver a face séria da amiga e lhe respondeu:

— Desculpe, mas nada que venha a me falar vai mudar a minha decisão. Eu não sei bem o porquê de ter me metido com vocês. Bruno estava certo, não precisávamos de vocês para nada. É uma pena que ele tenha mudado de opinião, e, o pior, ele sempre acatou minhas decisões. Desta vez, infelizmente, resolveu se rebelar contra mim e continuar com vocês. Mas, para eu não passar como dono da razão, vou escutá-lo.

— Então escute! Dizem que todos os que saem do grupo morrem de forma trágica. Eu não quero que nada de ruim lhe aconteça.

André ficou pensativo. Não entendia esse medo dos tais espíritos. Decidido a saber mais do assunto, questionou:

— Então me diga que história de espíritos é essa. Alguém já viu esses fantasmas?

Simone esboçou um fundo suspiro antes de responder:

— Sim. O espírito de Celso apareceu para Cacá e mais dois rapazes do grupo. Dizem que há quinze anos atrás, Celso e seu primo Cláudio estavam se drogando dentro do cemitério quando a polícia chegou e os assassinou brutalmente. Sabe, estávamos na ditadura, onde ninguém questionava nada. E, em uma noite dessas, Celso apareceu para Cacá e o fez fazer um pacto, onde ninguém sairia do grupo, pois, caso alguém o fizesse, ele daria um jeito de se vingar.

— Essa história é uma dessas lendas urbanas, nada mais.

— Pode até ser, mas acho que não deve pagar para ver. E, depois, Cacá jurou de pé junto que havia visto o espírito de Celso.

André ficou pensativo por alguns instantes. Em seguida comentou:

— Sei que está preocupada comigo, assim como estou com o Bruno. Fui eu quem o colocou nesta roubada e não será justo abandonar o barco com ele dentro. Vou nessa reunião de logo mais e, depois, dependendo do que acontecer, vejo o que faço. Agora tenho que ir embora. Até mais!

André deu um beijo no rosto de Simone e saiu, deixando-a com um belo sorriso no rosto, pois conseguira pelo menos por hora fazê-lo mudar de ideia.

Caía uma fina garoa quando Francisco parou seu automóvel à porta de Elza, que, após o toque da buzina, foi ao seu encontro. Ao entrar no carro, deu um leve beijo no rosto do colega, que seguiu a caminho do restaurante onde jantariam. Zélia, que estava entrando em casa e viu a cena, ao ver Bruno sentado no sofá da sala, perguntou:

— A mãe de seu amigo está namorando?

Bruno estranhou a pergunta. Não estava interessado na vida sentimental de Elza, mas, diante do espanto, respondeu:

— Que eu saiba, não! Mas por quê?

— Acabei de vê-la entrar em um carro toda emperiquitada e dando um beijo no motorista.

— E qual é o problema? Ela é sozinha. Não sei por que a indignação. A senhora namora o doutor Sabe Tudo e ninguém fala nada.

— Não sei por que você tem que colocar Ronaldo neste assunto. Eu só fiz um comentário. Aposto que André deve estar gostando da ideia de sua mãe recomeçar a vida ao lado de um homem que a ame e respeite, enquanto você fica implicando com o Rô.

— Não implico com o doutor Rô, só não gosto dele e pronto. A senhora não pode me obrigar a gostar de quem quer que seja.

— Está certo, mas você também não pode me impedir de recomeçar a minha vida. Gosto de Ronaldo e não pretendo me separar dele — respondeu Zélia, resoluta.

— Tá, mãe! Faça o que quiser de sua vida.

Bruno levantou-se abruptamente e foi para seu quarto. Não estava com cabeça para ouvir as baboseiras de sua mãe, que, ao vê-lo se afastar, resmungou baixinho.

A noite ia em alta quando Bruno lentamente saiu de seu quarto. Ao passar pelos aposentos da mãe, não ouviu nenhum barulho, indício de que Zélia já estava dormindo. Um suspiro aliviado saiu da boca do rapaz, que cautelosamente pegou o rumo da rua.

Elza estava jantando junto a Francisco em um bom restaurante situado em um local badalado na cidade. Os dois conversavam alegremente. Ela prometera a si mesma que ia se divertir, esquecendo-se momentaneamente dos problemas domésticos.

Francisco olhava com ternura todos os movimentos de sua amada. Elza era mesmo encantadora. Sua maneira de se expressar, seu sorriso sincero e até algumas risadas um pouco sem jeito quando ele lhe contava alguma piada sem graça. Só estava faltando mesmo encontrar a maneira e o momento adequado para se declarar. Às vezes, dava-se uma pausa entre um assunto e outro, mas o medo de ser recusado por ela travava-lhe a garganta e ele não conseguia falar de seus sentimentos íntimos.

O que eles não puderam perceber foi a presença de um espírito que os observava o tempo todo, não perdendo um só detalhe do que os dois faziam, até uma certa altura da conversa, quando este saiu do local. Cláudio já havia cumprido sua missão. Agora era só encontrar-se com Celso para passar-lhe o relatório. Em poucos segundos adentrou o cemitério, onde pôde ver os adolescentes fumando e ingerindo bebida alcoólica à frente do mausoléu onde ele e Celso ficavam. Não demorou em ver a figura carrancuda e altiva de seu companheiro que o esperava.

— Sei que demorei, mas trago boas notícias. Os pombinhos estão jantando em clima romântico. Pelo que pude perceber, os dois estão se entendendo.

— Ótimo! Fico mais tranquilo. Essa chata da Elza está atrapalhando meus planos com André. É bom mesmo que os dois passem a namorar, pois ela terá problemas suficientes com a grudenta da Fausta e esquecerá um pouco do filho. Você já sabe, continue influenciando Fausta. Ela já é dependente de Francisco para tudo e não o largará por nada desse mundo. Com uma ajudazinha nossa, vai virar o pior dos pesadelos para Elza.

Celso soltou um riso estridente, que foi repetido por Cláudio, que, ao ver seu amigo calar-se, perguntou:

— A que horas você vai aparecer para o grupo?

— Daqui a pouco. Deixe-os fumarem um pouco mais de maconha, assim ficará mais fácil. Com o efeito da droga, eles abrem mais o canal conosco. Ficam mais perceptivos e, com seus próprios fluidos, teremos energia de sobra para usá-la de forma que eu possa ser visto.

Cláudio calou-se e foi se juntar a outros desencarnados que já estavam junto aos jovens, consumindo a droga fluidicamente. Celso, que não gostava de se misturar aos outros, por ser o líder, ficou a observar o movimento dos adolescentes, que riam freneticamente de qualquer coisa que se falasse. Quando Guto, que até o momento estava quieto, começou a falar, Celso aproximou-se para ouvi-lo:

— Vamos parar de brincadeiras. Já é quase meia-noite. Devemos nos concentrar para podermos ver o espírito.

André, que já estava meio zonzo, respondeu rindo:

— Duvido que vá aparecer qualquer fantasma, mas vou tentar me concentrar.

— Então espere para ver. Quando Celso aparecer para me indicar como líder, terá que dar o braço a torcer.

Celso começou a rir e, sem que Guto pudesse ouvir, comentou:

— Se eu fosse você, não teria tanta certeza assim.

Guto procurou entrar em sintonia com o espírito de Celso, sendo seguido por todos. Celso, após alguns minutos de espera, chamou por Cláudio e os outros espíritos, que fizeram uma roda à sua volta. Quando percebeu que já estava com fluidos suficientes, aproximou-se do grupo, enquanto alguns espíritos sugavam as energias vitais dos jovens e passavam para ele, que começou a aparecer para os jovens.

Em poucos minutos todos puderam ver seu espectro, que, após esboçar um sorriso forçado, apontou o dedo para Bruno, que pasmo com o que estava vendo, ficou sem reação. André olhava tudo atentamente. Parecia não querer acreditar no que seus olhos viam. Tentou levantar para chegar mais perto do tal fantasma, mas não conseguiu. Seu corpo parecia ter virado pedra, em que só a mente, com muito custo, tentava funcionar. Em poucos minutos, Celso desapareceu.

Simone, que estava com um misto de pavor de ter visto Celso e de alegria por Bruno ter sido o escolhido e não Guto, foi quem falou:

— Um viva a Bruno! Ele foi o escolhido. Ele é o nosso novo líder.

Todos gritaram, menos André, que não sabia bem o que fazer, e Guto, que estava decepcionado com o que acabara de ver. Tinha certeza que seria o líder, uma vez que era o braço direito de Cacá, mas teria que dissimular. Daria um jeito de se vingar. O melhor a fazer era procurar ser o melhor amigo de Bruno. E, com esses pensamentos, foi abraçar o seu novo líder.

André, que observava tudo a uma certa distância, achou estranha a atitude de Guto, mas não comentou nada. Virou-se e foi embora, deixando todos a comemorar sem sua presença.

Já passava da uma hora da madrugada, quando Francisco parou o seu fusca azul na frente da casa de Elza, que com o jantar e o bate-papo perdeu a noção das horas. A moça já estava para descer do carro, quando ele criou coragem e falou:

— Adorei a noite. Eu gostaria que tivéssemos muito mais noites agradáveis como esta, isto é, se você quiser, é claro!

Francisco calou-se. Elza, percebendo o tom amável e de emoção de seu pretendente, respondeu sem graça:

— Será um prazer ter sua companhia com mais frequência.

O rapaz parecia não acreditar no que acabara de ouvir. Olhou mais uma vez para a figura de sua amada e, sem pensar, encostou seus lábios nos dela, dando-lhe um beijo apaixonado, sendo correspondido à altura. Quando se largaram, Elza abriu a porta do automóvel rapidamente, dizendo:

— Gostaria de ficar mais com você, mas está tarde e os vizinhos podem comentar. Nos veremos amanhã, no serviço.

E, com um sorriso, entrou para sua casa, deixando Francisco com um brilho indefinido no olhar e o coração explodindo de felicidade...

Caía a tarde no astral. Sandra olhava com admiração para o crepúsculo, que, com sua mistura de cores, parecia uma bela pintura feita pela mãe natureza para presenteá-los. Gui, que fizera uma pausa na história, estava um tanto melancólico, pois relembrar-se da história dos garotos e de todos os que estavam à sua volta fazia abrir-se a ferida em seu peito, que, por mais que tentasse cicatrizar, ainda não conseguira. Sandra, percebendo o drama íntimo do amigo, procurou confortá-lo, dizendo:

— Deus é infinitamente sábio. Por mais que soframos pelos erros cometidos, temos sempre uma outra chance para repará-los. Ainda não sei o que você fez, mas tenho certeza que, ao longo de anos de sofrimento, além de ter aprendido com seus erros, ainda os reparará.

Um longo suspiro saíra da boca de Guilherme, que, após alguns minutos de meditação, respondeu:

— A vida é professora generosa para quem deseja aprender, minha querida, mas precisamos reconhecer os erros para transformá-los em acertos. É o que procuro fazer. Agora tenho que ver os garotos.

Sandra deu um abraço no amigo, como a encorajá-lo, e voltou aos seus afazeres. Gui, após ir a todos os quartos da ala de que cuidava no hospital do astral, trancou-se em sua sala particular, no intuito de meditar sobre sua vida, ficando assim por um longo tempo.

VII

Amizade abalada

Guilherme estava na enfermaria do hospital quando Sandra aproximou-se. Gui, ao perceber o estado eufórico da amiga, comentou:

— Sei que está vibrando pela recuperação de nosso amigo, que tanto amo, mas devo advertir-lhe de que o excesso de euforia e ansiedade também não são benéficos, nem a você e nem a ele.

— Fiquei tão feliz quando entrei na ala em que ele se encontra e o vi acordado, que mal consegui me conter de tanta felicidade.

— Nosso amigo está melhorando, talvez por que esteja revivendo conosco sua história.

Sandra olhou curiosa para o amigo. Ela estava no plano espiritual há poucos anos e a cada diálogo com Gui seu aprendizado aumentava.

— Não entendo como isso é possível.

— Ora, Sandra! Somos feitos de energia e tudo o que fazemos ou falamos toma uma força que se expande no Universo. Como estamos no astral na condição de desencarnados, somos mais sensíveis a captar os pensamentos dos outros. É o que está acontecendo com nosso amigo. Estamos falando dele, de sua história. Nossa sintonia está voltada para ele, portanto, o que estou narrando a você, automaticamente, estou narrando para ele.

— Está certo! Mas não pode lhe ser prejudicial estar revivendo o passado ainda em fase de restabelecimento, aqui no astral?

— Em muitos casos, sim, principalmente quando alguém desencarna e, pela sintonia com os encarnados, consegue ouvir o que falam a seu respeito. Uma vez que os comentários sejam maldosos, acabam por perturbar o espírito, mas não é o nosso caso. Estou narrando a vida de pessoas pela forma como elas agiram, não de modo distorcido, nosso tutelado está tendo a oportunidade de saber o que pensavam e como agiam realmente os que estavam à sua volta.

— Assim ficará mais fácil para ele reavaliar suas atitudes. Estou certa?

— É isso aí! Agora vamos para o jardim. Já acabaram meus compromissos, podemos voltar à história.

... A vida parecia estar amarga para André. Desde o dia em que Bruno fora eleito líder pelo tal espírito de Celso, os dois não se falavam direito. Seu amigo só se dirigia a ele quando estavam com a turma, caso contrário, parecia que nunca foram amigos íntimos. Agora Bruno estava namorando firme com Simone.

André ficou desolado. Pensou em se afastar dele e da turma, mas, ao longo desse último mês, todas as vezes que pensava em abandonar o grupo, sentia um mal-estar súbito e a figura do fantasma de aspecto ruim aparecia em sua mente, como a lembrá-lo a cada instante que ele havia feito um juramento e que este não poderia ser quebrado. Mas por que se metera com Cacá? Não deveria ter agido sem pensar. Foi inconsequente e talvez tenha se metido na maior encrenca de sua vida. O remédio era ir levando o grupo e ver no que isso ia dar. E, com esses pensamentos, o rapaz entrou em casa.

Elza, que estava de folga preparando o jantar, ao vê-lo, questionou:

— Você ficou na rua a tarde inteira. O que está acontecendo?

— Nada, mãe. Eu só queria ficar um pouco sozinho.

— Não está assim por causa de meu namoro com Francisco, está?

André esboçou um sorriso. Estava se sentindo tão perdido que o romance de sua mãe não passara pela sua cabeça em nenhum instante. Não sentia ciúme de Elza, pelo contrário, ela já estava namorando há mais de um mês e ele até que gostou. Pelo menos ela parou um pouco de pegar em seu pé.

— Não é nada disso. Gosto de Francisco e acho que a senhora merece ser feliz.

— Fico feliz por isso. O problema é que ultimamente vejo você cada vez mais triste e desanimado, mas vamos conversar sobre isso uma outra hora. Agora, vá tomar um banho bem gostoso e se arrumar. Francisco vem trazer sua mãe para jantar conosco. Desejo ter uma boa relação com ela, portanto mostre-se como é, bonito, inteligente e educado.

André abraçou a mãe e foi se arrumar. Duas horas depois, a campainha soou. Eram Francisco e Fausta, que foram recebidos por André, tratando-os muito bem. Fausta olhava todos os movimentos do rapaz atentamente, quando Elza apareceu e foi apresentada a ela. Esta esboçou um belo sorriso e a cumprimentou amavelmente, não deixando transparecer seus pensamentos diante da namorada de seu filho.

As duas passaram a conversar sobre casa e filhos. Logo, Elza serviu a refeição, sendo ajudada por Fausta, que não parava de fazer elogios durante o jantar. Quando terminaram a refeição, André fez questão de servir o café. Fausta, com ar agradável, comentou com Elza:

— Seu filho é um perfeito cavalheiro. Parabéns! Você soube educá-lo.

— Obrigada, dona Fausta! Meu filho vale ouro.

— Vejo que vocês vivem muito bem. Seu lar é bastante harmonioso. É difícil ver esse tipo de comportamento em lares desfeitos.

— Lar desfeito? Mas por quê, dona Fausta? — perguntou André, sem entender o sentido malicioso usado por Fausta para se referir à separação de Elza.

Francisco, que procurando agir rapidamente para não criar atritos, foi quem respondeu ao rapaz:

— Minha mãe é do tempo em que casamento era para sempre. Lar desfeito é uma expressão que se usava para designar pais separados, entendeu?

— Ah, tá! A senhora tem alguma coisa contra separação, dona Fausta?

— Não, meu filho! De forma alguma! Desculpe pela expressão, não foi por maldade — respondeu Fausta, acariciando o rosto do rapaz, em sinal de amizade.

Francisco mudou de assunto. O jantar esteve ótimo e o clima de romance fazia-o sentir-se bem. Não queria que sua mãe estragasse o momento.

Elza falava com entusiasmo sobre uma possível união entre os dois. André, vendo a felicidade nos olhos da mãe, até deu alguns palpites, muitos sendo complementados por Fausta, que se mostrava alegre com o namoro do filho.

A noite ia em alta quando os dois despediram-se de Elza e André, que, após terminarem de arrumar a louça da janta, foram dormir exaustos. Francisco foi para casa, onde parou para falar com a mãe. Estava surpreso com a reação atípica de Fausta e isso o fez acreditar que ela simpatizara com Elza, o que para ele era unir o útil ao agradável, uma vez que não desejava perder o amor da mãe, que era para ele muito importante, mas também não queria perder a amada. Após dar um longo abraço em sua mãe, foi para seu quarto, onde ainda ficou acordado por longo tempo, fazendo planos para o futuro, sem se dar conta de que sua mãe estava pensando em tudo para boicotar o namoro.

Emília varria a calçada de sua casa tranquilamente. O dia ensolarado transmitia-lhe paz ao espírito. Fausta, que acabara de sair ao portão, ao ver a amiga confidente, foi ao seu encontro. Queria lhe contar como fora a noite anterior. Emília, ao vê-la, parou de varrer e foi cumprimentá-la.

— Olá, Fausta! Está um belo dia, não?!

— Está muito quente para o meu gosto!

— Para você nada está bom. Se está calor, prefere o frio. Se está chovendo, o sol. Não lhe entendo.

— Olha, Emília! Deixe de bobagens! Todos os seres humanos são assim. É só você que vive de bom humor o tempo todo. E, depois, não tenho motivo nenhum para estar feliz. Ontem fui ao jantar daquelazinha.

— Já sei. Você não gostou da moça e fez questão de deixar isso bem claro a todos.

Fausta olhou admirada para a amiga, que parecia não a conhecer, e, com um sorriso cínico nos lábios, respondeu:

— Que é isso! Não admito que fale assim de mim. Elza está se tornando uma filha querida. Sabe que mal a conheço e tenho a sensação de que há muito nos conhecemos?

Emília ficou confusa. Por segundos chegou a acreditar na fala mansa e doce de Fausta ao se referir à namorada de Francisco, mas algo não lhe soava bem e, com uma certa curiosidade, questionou:

— Não acredito que tenha gostado dessa pobre moça!

— E não gostei. Precisava ver que horror. Quando chegamos a casa fomos recebidos pelo filho da desclassificada, um adolescente meio excêntrico e sem educação, que até se esforçou para ser gentil, mas a mim não enganou. E ela então? Uma mulher sem classe, cheia de maquiagem, parecia uma palhaça, dessas que fazem de tudo para chamar a atenção de homens bons para se darem bem na vida.

— Duvido que essa moça seja assim. Conheço Francisco, ele tem bom gosto. Mas tudo bem! Como você agiu?

— Fiz de tudo para ser agradável, é claro! Tratei a moça super bem. Fiz até elogio à gororoba que ela serviu no jantar. Imagine! Até planos de se casar ela já está fazendo. Tive até que dar bons palpites para o casório que não vai ser realizado, diga-se de passagem.

— Não acredito! O que você está fazendo é jogo baixo, Fausta. Se fingir de amiga da moça só para estragar uma possível união entre ela e seu filho.

Emília estava indignada. Por mais que soubesse que sua vizinha era capaz de qualquer coisa para acabar com o namoro de seu filho, nunca imaginara que chegaria a tanto. Por segundos teve ímpetos de falar o que achava, mas controlou-se. Quem era ela para dar lição de moral para quem quer que fosse. Conhecia bem a vida e sabia que na hora certa o Universo se encarregaria de mostrar a Fausta que ela estava errada em agir desse modo. Fausta, ao ver a amiga perdida em seus pensamentos, chamou-a à realidade dizendo:

— Sei no que está pensando. Não me venha com lição de moral porque vou dar sequência ao meu plano, dessa vez não vou me opor ao namoro de Francisco declaradamente, pelo contrário, vou incentivá-lo a casar-se. Bem, agora vou entrar, este sol está de rachar. Vai em casa tomar um refresco!

Emília não respondeu, limitando-se a esboçar um sorriso forçado. Há muito conhecia Fausta, mas, a cada dia que se passava, sentia menos vontade de conversar com ela. Não que fosse melhor do que ninguém, mas a forma como ela pensava e agia diante da vida era totalmente oposta à sua maneira de pensar. O melhor que teria a fazer era se afastar da vizinha, assim não arrumaria maiores encrencas. E, com esses pensamentos, terminou de limpar sua calçada e trancou-se em seu lar para cuidar de sua vida e dos seus.

Guto andava apreensivo. Desde que Bruno fora escolhido para líder, ele se aproximara mais do colega. Precisava disso, pois dentro da turma era ele quem pegava a maconha com os traficantes e repassava para o grupo. Bruno tinha que dar o aval para a droga. Quando Cacá morreu, ele não sentiu sua falta, pelo contrário, achou que ficaria em seu lugar e, com isso, colocaria seus planos em prática.

O jovem, que sonhava alto, queria aumentar o número de adeptos do grupo, assim teria mais jovens para viciar e, uma vez na liderança, trocaria o produto de consumo pela cocaína, uma droga mais forte, de efeitos alucinógenos ainda maiores e, o principal, mais cara.

Chegara a falar de seus planos com Cacá, mas foi em vão. Ele só permitia o consumo da cocaína em alguns casos raros. Achava que, por ser um produto mais caro, poderiam ter problemas na hora de pagá-lo aos traficantes e ele conhecia muito bem a lei. Se não pagassem por bem, pagariam por mal, e o mal nesse caso é a morte. Como perdera os três do grupo anterior por esse motivo, não queria outras complicações.

Mas agora tudo mudara. Ele iria conseguir seu intuito de qualquer jeito. Bruno era fraco e um tanto volúvel. Fazer sua cabeça não seria difícil. E, com esses pensamentos, Guto foi até a casa de Bruno, que já o aguardava. Após entrarem no recinto, Bruno o convidou para irem até seu quarto. Sua mãe não estava em casa, mas não queria correr o risco de vê-la chegar de surpresa e os pegar conversando.

Em poucos minutos os dois se instalaram confortavelmente e ficaram a conversar sobre o rumo em que caminhavam, até que a certa altura da conversa Guto comentou sutilmente.

— Estava pensando... Precisamos de mais gente no grupo. Cacá era muito meu amigo, mas não gostava de colocar gente nova na turma. Sabe como é. Toda organização precisa crescer, ter mais adeptos, expandir para novos horizontes.

— Não sei para quê! Somos um grupo de amigos que se reúne para se divertir e nada mais.

— Ora, Bruno! Quem vê você falar assim não vai imaginar que é o líder da turma. Pensa bem! Nós estamos em dez, certo? Se conseguirmos dobrar o número de jovens, teremos mais cigarros de maconha, mais bebidas e, o melhor de tudo, você, por ser o líder, não vai pagar nada por isso e nós, seus amigos, vamos consumir mais do produto e pagar menos, sem falar em outras vantagens que nós teremos.

— É, pode ser! Vou pensar no caso. A ideia é boa.

— Ah! Mais uma coisa. Fui na "boca" ontem para reabastecer nosso estoque e pagar a nossa última leva, e ganhei de presente uma boa quantidade de cocaína.

Guto tirou o tênis que estava usando e após colocar a mão dentro do objeto, tirou um saquinho com o pó branco e ofereceu para Bruno, dizendo:

— Isso aqui é ótimo. Você vai gostar.

O rapaz levantou e foi ao banheiro da suíte, onde pegou um pequeno espelho. Voltou ao quarto, colocou o pó em cima do espelho e, em seguida, pegou um pedaço de papel e fez um tipo de canudo, que usou para levar o pó à narina. Após mostrar a Bruno como fazia, passou o papel para ele, dizendo:

— Experimenta! Você vai gostar. Essa é da boa.

Bruno pensou em recusar, mas a curiosidade de consumir uma outra droga foi maior. Repetiu o que o amigo fez e sentiu-se anestesiado. Uma sensação diferente o acometeu. Parecia que tudo era possível de se fazer. Gritou, berrou, riu, mas logo sentiu vontade de beber, pois sentiu a garganta e a língua seca, sem saliva. Foi até a sala, onde Zélia mantinha um barzinho com algumas bebidas e, após pegar um litro de vinho, voltou para o quarto.

Os dois ficaram ali por mais de duas horas, sem perceber a presença de sombras escuras que os vampirizavam, no intuito de usufruírem também, só parando um pouco antes de Zélia chegar, quando Guto foi embora, deixando Bruno fora da realidade, deitado em sua cama.

Cacá acordou sobressaltado. Estava deitado em um chão duro que lhe doía as costas. Tentou levantar, mas suas pernas não lhe obedeciam. Logo se lembrou da briga que tivera no show de rock. Sua cabeça começou a doer e, em um gesto instintivo, colocou a mão onde doía. Sentiu que sua cabeça estava funda e achatada e gritou. Em poucos minutos, um rapaz veio ao seu encontro. Foi quando ouviu um barulho de cadeado se abrindo. Percebeu que estava preso e, ao deparar com a figura masculina, assustou-se quando viu um rapaz com o nariz totalmente deformado, olhos esbugalhados e um sorriso amarelo, parecendo um monstro de cinema.

Pensou em sair correndo, mas não conseguiu. Na certa, aquilo era um pesadelo que logo passaria e ele iria acordar e rir do que sonhara, mas a voz áspera do espectro humano o tirara de seus pensamentos, dizendo:

— Lamento, mas não está tendo um pesadelo e, se pudesse se olhar no espelho, não me acharia tão horrível assim, pois está pior.

— Quem é você? Onde estou? Isso só pode ser um hospício... Já sei! Minha mãe descobriu que eu uso drogas quando arrumei aquela briga no show e me trouxe para uma clínica para drogados, é isso! Logo vou sair daqui.

Uma risada estridente pôde ser ouvida, deixando-o nervoso. Sem pensar duas vezes, ordenou:

— Dá para parar de rir! Quando eu levantar daqui, vai ver com quem se meteu.

— Se eu fosse você, abaixava seu topete, moleque! É um prazer te informar que está morto e que aqui não manda em nada. Apenas obedece. Meu nome é Miro. Fui encarregado por Celso para ficar de olho em você. É melhor me tratar bem, caso contrário se arrependerá. Agora fique aí sozinho. Quando estiver mais calmo, me chame.

Miro saiu rapidamente do local, deixando Cacá perdido em seus pensamentos. Logo pôde ouvir a voz de sua mãe que, chorosa, comentava o que lhe aconteceu com uma amiga. Sua mente rodava. Mas como? Se morrera, como é que sentia dores e estava naquele local? Será que estaria no inferno? Mas o moço lhe falara sobre Celso e este ele havia visto. Era um espírito e na certa, se morrera, estaria com Celso. Claro, ele foi líder do grupo desse espírito. Na certa estava sob sua proteção.

Mas como agir? Sentia dores pelo corpo todo. Estava deformado e preso. Não, preso é uma palavra muito forte para um líder. Talvez Celso o tenha colocado naquele lugar para ele não se apavorar demais e fugir. Isso! Estava sendo protegido. O melhor a fazer era procurar melhorar, se refazer, para ao lado de Celso continuar a comandar o grupo.

Pensando assim, sentiu-se um pouco melhor, até que sem perceber voltou a dormir. Miro, que observava o rapaz de longe, saiu à procura de Celso para relatar o que estava acontecendo com o seu novo escravo.

VIII

O FILHO AGRIDE

— Enfermeira Elza, o doutor Oswaldo está precisando de seu auxílio na sala de cirurgia. Emergência!

Elza saiu rapidamente pelos vastos corredores do hospital. Em sua profissão, um segundo perdido poderia custar uma vida. Em poucos instantes, prostrou-se à frente do doutor Oswaldo, que, ao vê-la colocando a roupa hospitalar na antessala, fez menção para que se apressasse. O caso era grave e Elza era sua auxiliar favorita pela sua dedicação à profissão.

Não demorou para ela entrar na sala, onde uma jovem moça se encontrava à espera da cirurgia. O doutor Oswaldo a colocou a par da situação. A jovem em questão estava no sétimo mês de gravidez. Ela e o bebê corriam risco de vida, uma vez que não fizera pré-natal, a moça era usuária de drogas. Seus pais, embora soubessem dos vícios da filha, não sabiam da gravidez.

Sílvia era seu nome. Com seus dezessete anos, estava ali, fazendo uma cesária de risco. Ficara grávida de um rapaz que conhecera nos barzinhos que frequentava com os amigos, todos usuários de heroína. Um certo dia, ainda sob o efeito da droga no cérebro, tiveram relações íntimas sem uso do preservativo e acabou engravidando.

Oswaldo fizera a cirurgia. Toda a equipe médica se empenhou para que a cesariana terminasse com sucesso. O bebê nasceu prematuro e foi levado para os exames pós-parto. Todos comemoraram por conseguirem salvar mãe e filho. Quando Elza saiu do centro cirúrgico, sentiu-se mal. Estava esgotada física e psiquicamente. Sentia que suas forças foram todas levadas sabe lá para onde, mas tinha que recuperá-las. Seu plantão só acabaria na manhã, não poderia se dar ao luxo de se abater. Foi até o vestiário, onde as enfermeiras costumavam ficar por alguns minutos, tempo suficiente para descansar a mente e o corpo.

Elza estava sentada em uma cadeira descansando, quando Meire entrou no vestiário à sua procura:

— Eu sabia que estaria aqui!

— O que houve? Estão precisando de mim?

— Não. Por incrível que pareça, a ala da emergência está praticamente vazia. A enfermeira Joana está na sala de medicação. Eu combinei com ela que nós ficaríamos descansando um pouco. Quando voltarmos, ela sai para descansar.

— Você não tem jeito!

— Não reclame. Precisamos de descanso. Olhe para você! Está um trapo!

— Não gosto desses jeitinhos que dá para descansar, mas hoje não vou reclamar, estou exausta. Essa cirurgia me deixou sem forças.

— Eu fiquei sabendo da garota grávida. Seus pais estão desolados, e, se bem te conheço, você está pior do que eles. Quando é que vai aprender a não levar o seu trabalho para o lado pessoal?

Elza silenciou-se. Não queria responder e começar um debate desgastante com a amiga. Meire, ao perceber que estava incomodando, saiu rumo à cantina do hospital, onde ficou tomando café e batendo papo, deixando Elza perdida em seus pensamentos.

A tarde passou rapidamente no hospital. Meire, ao ver a amiga ainda pensativa na sala das enfermeiras, procurou animá-la, comentando:

— Você ainda não me falou o que achou de sua futura sogra.

Elza pensou em não responder, mas sabia que a amiga só queria distraí-la, então pôs-se a falar.

— Gostei dela. Parecia estar feliz com o namoro do filho. André é que ficou com o pé atrás. Dona Fausta fez um comentário que a meu ver foi sem maldade sobre o fato de eu ser separada e ele não gostou. Sabe como são os adolescentes, levam tudo ao pé da letra.

— Não sei, não! Se André ficou cismado com o tal comentário, acho que deve ter cautela. Você está apaixonada por Francisco, o que a deixa cega com tudo o que há a seu redor. Cá entre nós, desculpe minha amiga, mas devo lhe falar! Francisco é filho único, nunca se casou e já está com quase quarenta anos. Sua mãe deve ser extremamente pegajosa, o que pode dificultar um pouco o seu relacionamento.

— Não fale bobagens! Dona Fausta é uma boa pessoa, e, se o filho não se casou, decerto que não foi sua culpa.

— Bem, o aviso foi dado. Sabe que sou sensitiva e sinto que terá problemas com essa mulher, mas não está aqui quem falou.

Elza levantou-se, estava na hora de dar a medicação para a jovem mãe e não perderia tempo para responder às besteiras de Meire. Após preparar o material necessário, colocou tudo em uma pequena bandeja e saiu rumo ao quarto onde Sílvia estava. Ao entrar no local, encontrou-a acordada, e, com um sorriso nos lábios, cumprimentou-a dizendo:

— Olá! Meu nome é Elza. Sou a enfermeira responsável pelos seus medicamentos até amanhã de manhã. Como se sente?

Sílvia estava com o olhar perdido. Seu corpo doía. Não desejava falar, mas diante do olhar amoroso e da voz doce da enfermeira, respondeu:

— Meu corpo dói. Nunca senti dor igual.

— O remédio que vou lhe dar é justamente para amenizar a dor, mas sinto lhe informar. Seu parto foi cesariana e os pontos vão repuxar e doer. Terá que fazer repouso absoluto por no mínimo quarenta e cinco dias.

— O quê? Ai!

— Acalme-se. Não se exauste. Qualquer movimento brusco vai doer. Tome!

Elza fez a moça ingerir o remédio. Já estava de saída quando Sílvia indagou:

— Meu filho, como ele está? Eu ainda não o vi.

— Você teve um parto prematuro. Seu menino está em uma encubadora, pois nasceu com pouco peso. É por isso que não o trouxemos, mas, se tudo correr bem, acredito que amanhã o doutor Oswaldo dará seu aval para você ir até o berçário para vê-lo. Agora tenho que ir. Qualquer coisa é só apertar a campainha que está ao seu lado.

Um nó parecia ter dado na garganta de Elza. Lembrou-se de quando teve André. Ela e o marido estavam para explodir de tanta felicidade. Logo que ele nasceu, ela já pode tê-lo em seus braços, dar-lhe de mamar e sentir o cheirinho gostoso de bebê. Sílvia não tivera a mesma sorte. Mas por que não tivera? Sua vida desregrada a conduziu a essa situação. Deus ou a sorte não tiveram nada a ver com isso. "Ninguém mandou ela sair por aí usando drogas e se envolvendo com homens tão promíscuos e tresloucados como ela."

Elza balançou a cabeça em sinal negativo. Estava sendo egoísta e maldosa para com a moça. Era certo que sua ação impensada a levasse a essa reação, mas quem era ela para julgá-la.

— Elza... Elza!

— Hã! Sim, doutor! — respondeu, um tanto desconcertada.

Oswaldo, que viu a moça distraída, sorriu ao falar:

— Desculpe se a assustei. É que estava justamente à sua procura. Venha! Vamos à minha sala particular.

Elza andou mais alguns metros ao lado de Oswaldo até entrarem em uma pequena sala com uma singela mesa e duas cadeiras. Oswaldo fez a moça sentar-se. Ao vê-la sentada, acomodou-se à sua frente, dizendo:

— Eu lhe chamei aqui porque preciso repassar algumas recomendações. Sílvia, aquela garota que teve aquele parto de risco, não poderá amamentar seu filho. Eu acabei de falar com os pais da jovem e já os coloquei a par da doença. Sabe que gosto de tratar todo paciente com amor, sem menosprezar ou negligenciar nada.

Elza assustou-se. O tom grave na voz do médico a fez ficar preocupada, questionando-o:

— De que doença se trata, doutor?

— Trata-se do vírus HIV.

— Aids? Mas como?

— Ora, Elza. Embora ainda não conheçamos amplamente a doença, já sabemos que o vírus é transmitido por relações sexuais sem o uso de preservativo, pela transfusão de sangue, pelo uso de agulhas e seringas compartilhadas, entre outros. Pelo que eu fiquei sabendo, Sílvia é usuária de heroína, droga injetável. Na maioria das vezes, consumida por várias pessoas que, após injetarem uma quantidade na veia, passam para outra pessoa, que faz o mesmo. Com isso, se algum é portador do vírus do HIV, este transmite aos outros.

— Deus do céu! Onde esses jovens vão parar. Essa Sílvia é apenas uma menina, não sabe nada da vida e já está condenada à morte, e provavelmente esse ser que ela acaba de colocar no mundo também. Isso não é justo. Deus não poderia ter feito isso.

— Oswaldo levantou-se, pegou copos descartáveis e, após enchê-los de água que estava em uma jarra sobre a mesa, ofereceu um a Elza, sentando-se novamente. Ingeriu um pouco do líquido, dizendo em seguida:

— Não coloque a culpa em Deus. Sílvia é viciada em drogas. Ainda acredita que precisa de uma muleta para viver bem. As pessoas fazem isso. Se perguntar ao viciados em tabagismo por que eles fumam, as respostas certamente serão: "O cigarro me acalma!" ou "Me sinto sozinho e fumar é minha distração!". E por aí vai. Nas drogas mais pesadas, as respostas serão: "Uso porque não sou feliz!" ou "Porque minha família não me entende!" ou "Porque só consigo me desinibir com a droga". São esses pensamentos que levam alguém ao consumo e não Deus. Deus é amor, paz, felicidade e só quer o nosso bem.

— Às vezes tenho minhas dúvidas. Tive formação católica, mas não sou religiosa. Desde que comecei a trabalhar neste hospital, vejo tanta tristeza e sofrimento que às vezes acho que Deus é injusto.

— Não diga isso! Como eu já lhe disse, são as pessoas que procuram o sofrimento. Vivemos diversas vidas em corpos diferentes. Muitas vezes, por uma fraqueza ou outra, procuramos consumir algum tipo de alucinógeno, que faz com que nos sintamos bem por alguns instantes. É assim desde que o mundo é mundo. Não precisamos ir muito longe. Os povos que habitavam nosso continente, como os incas, maias e astecas, faziam chás que liberavam uma sensação de bem-estar no cérebro, dentro de rituais religiosos, e muito adeptos de rituais pagãos como o xamanismo e outros usam essas ervas alucinógenas até hoje, portanto não podemos colocar a culpa de nada em Deus, e sim em nós mesmos. Todos os sofrimentos, por mais que não pareça, são válidos para que aprendamos a viver melhor.

— O senhor fala de uma maneira, como se houvesse reencarnação e dívidas cármicas, que fico confusa.

Oswaldo respirou fundo. Sentiu a presença de um espírito amigo de Elza. Ele era médium psicofônico e deixou que o espírito se comunicasse através dele, dizendo:

— Você está confusa porque chegou a hora de reavaliar suas atitudes e sua maneira de ver a vida. O Universo sempre move suas energias a nosso favor. Procure voltar-se à espiritualidade, estudar e entender como a vida funciona. Assim será mais fácil passar pelas provas da vida. Só dessa forma poderá ajudar seu filho a superar suas fraquezas.

Um leve suspiro saiu da boca de Oswaldo, que, ao abrir os olhos e voltando a si, tomou mais um gole de água. Ao ver a face pálida de Elza, comentou:

— Há um espírito amigo que está querendo lhe ajudar. Sei que está com dúvidas. Se quiser, tenho livros que explicam sobre a reencarnação e as múltiplas formas de vida no Universo.

Elza levantou-se. Estava confusa demais com aquela conversa. Quando Oswaldo mudou o tom de voz, sentiu que não era ele quem falava, pois as palavras penetraram em seu coração de forma nunca experimentada por ela, mas fora pega de surpresa. Teria que analisar tudo o que ouvira, por isso respondeu em tom que procurou ser amável:

— Desculpe, doutor! Não sei o que lhe dizer. Sou muito prática para tudo. Preciso de um tempo para entender e aceitar o que me falou. Por enquanto, não desejo ler nada sobre espíritos.

Elza saiu da sala rapidamente. Oswaldo voltou ao seu trabalho, com a certeza de que fizera a sua parte e que na hora certa a vida se encarregaria de mudar os pensamentos de Elza, e, quando isso acontecesse, ele estaria por perto, se Deus permitisse, para ajudá-la.

Ronaldo saiu de seu escritório às cinco e meia da tarde, teria um jantar com Zélia e precisava chegar em casa para tomar um banho e trocar de roupas. Ele morava sozinho em uma casa grande e confortável, em um bairro de classe média alta. Filho único, herdara a casa e outros bens dos pais, que desencarnaram em um acidente de automóvel, logo depois que abrira seu consultório.

Já passava das oito horas da noite quando chegou à porta da casa de Zélia. Parou o automóvel, mas não saiu do carro, pois Zélia, ao ver o veículo parado à porta, foi ao seu encontro com um sorriso nos lábios. Ele, ao vê-la, desceu do carro, dando-lhe um leve beijo na face. Abriu a porta do carona gentilmente para Zélia. Ao vê-la entrar, fechou a porta, deu a volta, entrou no automóvel, deu partida no motor, indo para um restaurante classe A, onde já havia feito uma reserva para dois.

Zélia estava exuberante. Ao entrar no local, pôde observar alguns olhares masculinos voltados para ela. Ronaldo, após acomodá-la na mesa reservada, sentou-se, dizendo:

— Da próxima vez que sairmos, faça-me o favor! Tente não ficar tão linda!

Zélia abriu um sorriso modesto ao responder:

— Não sei se considero um elogio ou se levo suas palavras a sério.

— Considere um elogio... Sabe, Zélia! Estive pensando. Tenho me sentido tão sozinho ultimamente e...

Zélia remexeu-se na cadeira. Ronaldo estava estranho. A convidara para jantar bem no meio da semana, o que não era de costume. Na certa, queria lhe dizer algo mais sério. Decidida a acabar logo com o suspense, comentou:

— Você não faz o estilo de homem indeciso, por isso pode ir direto ao assunto. Estou preparada para tudo.

Ronaldo olhou-a admirado. Colocou a mão direita dentro do bolso do paletó, tirando de dentro uma pequena caixinha aveludada e entregou a ela, dizendo:

— Abra!

Zélia abriu a caixa. Dentro, um lindo anel de ouro com pequenas pedras de brilhante, que a fez ficar emudecida. Nunca em toda a sua vida havia visto coisa tão linda. Ronaldo, ao ver a reação da amada, comentou:

— Este anel foi de minha mãe. Meu pai deu a ela de presente de noivado. Você aceita ser minha esposa?

Zélia não sabia o que dizer. Fora pega de surpresa. Nunca havia pensado em se casar novamente. Gostava de Ronaldo, mas morar junto, ter uma vida a dois, já era outro departamento, mas teria que lhe dar uma resposta. Após alguns minutos de meditação, disse:

— Bem... Não sei o que lhe dizer. Nunca pensei em casamento.

— Isso significa que não quer se casar comigo?

— Não! Não é isso.

— Se você quiser pensar mais, não se preocupe. Não precisa me responder agora.

A conversa fora interrompida pelo garçom que, após lhes entregar o menu e anotar os pedidos, saiu deixando-os a sós. Zélia, que já estava se restabelecendo da surpresa, disse:

— Eu aceito. Sei que vou ter problemas com Bruno, mas não posso deixar minha vida passar porque ele, por puro capricho, não gosta de você.

— Bruno é jovem. Quando eu pensei em me casar com você, pensei nele também, sei que será difícil no começo, mas pretendo fazê-lo mudar a ideia que tem de mim e fazer o papel de pai. E vou conseguir.

Ronaldo deu uma piscada para Zélia. Em seguida pegou o anel e colocou-o em seu dedo, selando um compromisso que poderia se tornar tumultuado, mas gostava de jogar e estava disposto a ganhar a partida com o amor, é claro.

A noite passou alegremente para o jovem casal. Quando Zélia entrou em casa, encontrou Bruno sentado no sofá da sala, com o aparelho de som ligado, ouvindo rock. O barulho da música em volume alto irritou-a, indo diretamente ao aparelho para desligá-lo, dizendo em seguida:

— Você enlouqueceu? Já está tarde, os vizinhos querem dormir.

Bruno levantou-se abruptamente. Havia cheirado cocaína a noite toda junto de bebida alcoólica e, sem se dar conta do que estava fazendo, respondeu:

— Danem-se você e os vizinhos! Quero que o mundo se exploda!

— Que é isso! Abaixe o tom para falar comigo, seu moleque, e vá já para o seu quarto!

Bruno deu uma risada irônica, ao responder:

— Vá ver se estou na esquina!

Zélia não se conteve e deu um tapa no rosto do rapaz, dizendo:

— Me respeite! Sou sua mãe! Nunca mais fale assim comigo!

— Mãe?! Quem? Você? Não! Pode ser tudo, menos mãe. E, quer saber, vá se danar!

Bruno fez menção de sair, mas Zélia colocou-se à sua frente. Ele então a empurrou com força, fazendo-a cair no chão e saiu de casa sem se dar conta de que deixara sua mãe desmaiada, pois devido à queda, ela bateu a cabeça com força no braço da poltrona, ficando assim por um bom tempo.

Quando acordou, sentiu o sangue correr pela face. Ainda tonta, conseguiu pegar o telefone e chamar uma ambulância. Já era de madrugada quando chegou ao hospital, amparada pelos profissionais que lhe fizeram os primeiros socorros. Em poucos minutos, fora atendida pelo médico de plantão, que, após dar-lhe pontos na cabeça, conduziu-a à medicação. Elza estava na sala, quando Zélia entrou. Ao vê-la, perguntou espantada:

— O que houve?

Zélia suspirou. A última pessoa no mundo que desejava ver naquele momento era a vizinha, mas era inevitável uma vez que fora levada justamente para o hospital onde esta trabalhava. Elza a olhava com uma certa preocupação, o que a fez se desarmar. Por instantes, pensou em lhe contar o que aconteceu, mas o que ela pensaria a seu respeito? Na certa ela iria rir de sua desgraça, pensar que ela não criara bem o filho e faria comparação com André. Não, isso ela não aguentaria. O melhor seria ninguém ficar sabendo o que aconteceu de verdade, por isso respondeu o mesmo que respondeu ao médico:

— Escorreguei no tapete da sala e bati com a cabeça no braço do sofá.

— Bem! Infelizmente isso é mais comum do que você imagina. Vou lhe aplicar uma injeção para cortar a dor. Amanhã estará melhor.

Elza carinhosamente aplicou o medicamento na vizinha. Quando terminou, procurou ser agradável, dizendo:

— Agora vai sentir sonolência. Vou com você até a porta do hospital, assim ajudo Bruno a colocá-la em um táxi.

Zélia ficou desconcertada, mas procurando manter-se calma, respondeu:

— Eu vim de ambulância. Bruno não estava em casa quando caí. Coitado! Deve estar preocupado. A essa hora já chegou em casa e, se ele acender a luz então, verá sangue no chão. Não quero nem pensar.

— Bem. Você quer que eu ligue para sua casa, avisando-o do ocorrido? Assim coloco você no carro e ele fica à sua espera.

— Não, obrigada! Não quero assustá-lo. Vou pegar um desses táxis que ficam aqui na frente do hospital. Quando chegar em casa, converso com ele.

Elza achou estranho, mas não falou nada. Acompanhou Zélia até a porta do hospital, ajudando-a a entrar no carro de praça e voltou a seus afazeres, sem pensar mais no assunto.

IX

As dívidas começam

Bruno e Simone caminhavam de mãos dadas pela rua quando foram abordados por Guto, sendo pegos de surpresa. Bruno comentou:

— Não podia ter nos chamado, cara? Sabe que fico receoso quando estou na rua com aquele negócio.

— Não precisa ter medo. Você tem cara de filhinho de papai. Nenhum policial vai pará-lo. Se você fosse negro e pobre, aí sim. Mas não foi para falar sobre isso que vim atrás de vocês. Venham! Vamos até um local mais sossegado.

Guto andava rapidamente. O jovem casal apertou os passos para acompanhá-lo. Em poucos instantes, os três chegaram a um galpão abandonado. O lugar era sombrio, ninguém ousava entrar ali, por isso era abrigo seguro para viciados em drogas. Guto, ao ver que não havia ninguém no lugar, pôs-se a falar:

— O negócio é o seguinte. Estamos com sérios problemas. Acabei de vir da bocada onde pego nosso "barato" e eles não quiseram nos fornecer a droga.

Bruno irritou-se com a notícia, questionando nervosamente:

— Por que fizeram isso? Quem esses caras pensam que são? Eles sabem com quem estão mexendo?

— Sabem. Com um bando de adolescentes viciados. Caia na real, Bruno! — respondeu Simone, tentando chamar a atenção do namorado para a realidade.

Guto, que não gostou da colocação da amiga, foi quem respondeu:

— Não é bem por aí. Os caras respeitam o Bruno e nosso grupo, mas a questão é a seguinte. Nossa dívida está alta demais e não temos dinheiro para pagar nem a metade. Eles até que são maleáveis conosco. Se fossem outros, não teríamos nem um terço da quantidade que usamos de crédito.

— Está certo! E quanto devemos?

Bruno tirou um papel do bolso e, após uma breve olhada para somar os valores ali contidos, respondeu:

— Mil cruzeiros! Se pagarmos a metade, teremos de volta nossos créditos com os caras.

Bruno ficou calado. Precisava dar um jeito de conseguir dinheiro. Só de pensar em ficar sem a droga, já ficava irritado. Após alguns minutos de meditação, respondeu:

— Vamos reunir o pessoal hoje à noite no mesmo lugar e ver o que podemos fazer para resolver essa situação. Avise a todos.

Guto sorriu. Sabia que Bruno não deixaria de resolver o problema rapidamente e saiu, deixando o casal namorando sossegado.

André assistia televisão quando o telefone tocou. Era Simone lhe informando sobre a reunião extra logo mais, à noite. Após breve diálogo, desligou o aparelho. A amiga não lhe adiantou o assunto, o que o deixou curioso, mas procurou algo para fazer.

Um pouco antes das onze horas da noite saiu de casa, indo ao ponto de encontro da turma. Lá chegando, encontrou todos reunidos conversando animadamente. Bruno, que só estava esperando André chegar para começar a reunião, tomou a palavra:

— Eu marquei essa reunião porque estamos com problemas. Guto me informou hoje de manhã que estamos sem crédito com os traficantes, pois estamos devendo muito para eles.

O murmúrio foi geral. André, querendo mais esclarecimentos, foi quem perguntou:

— Como assim? Que eu saiba, todos pagamos pela droga. Sempre paguei minha parte!

— Não é bem assim. Somos um grupo, pego sempre grandes quantias do que usamos e nem sempre todos pagam. Muitos consomem e não dão um centavo — respondeu Bruno, com uma certa irritação na voz.

— Tá! Mas e daí? Eu paguei, portanto não devo nada. Tirem-me fora dessa!

— Deixa de ser egoísta, André! Em nosso grupo o lema é um por todos.

— Ora, Bruno! Não me venha com essa. Não acho certo ter que arcar com os vícios dos outros. Cada um que sustente o seu!

André calou-se. Bruno deu sequência à reunião. Todos combinaram de arrumar o dinheiro necessário no dia seguinte para normalizar o abastecimento.

André, que observava a todos calado, ao acabar a reunião, levantou-se dizendo resoluto a Bruno:

— Não vou pagar nada e a partir de hoje não faço mais parte deste grupo ridículo. Danem-se você e esses espíritos malditos.

André juntou saliva e cuspiu no chão, saindo em seguida deixando todos pasmos com sua atitude.

O tempo foi passando lentamente, cada um foi seguindo seu caminho, ficando no local só Bruno, Simone e Guto, que, ao se ver só com os dois, disse:

— André foi longe demais, Bruno. Você tem que tomar uma atitude. Ele não pode fazer o que fez e sair impune. Se isso acontecer, você perderá o respeito dos outros da turma.

Bruno ficou pensativo, lembrando-se da amizade com André e de como os dois se davam bem. Após alguns minutos de meditação, respondeu:

— Você não disse que Celso é quem se vinga de quem sai da turma? Então! Não vou fazer nada contra André em respeito à nossa antiga amizade. Se Celso achar que deve se vingar, não é problema meu. Lavo minhas mãos.

Bruno pegou Simone pelos braços e saiu, deixando Guto remoendo sua raiva: "Esse sonso! Parece um maricas. Já que não vai fazer nada para dar um corretivo em André, eu mesmo faço. Não quero ver meus planos sendo prejudicados por causa de um babaca como o André".

E, com esses pensamentos, Guto voltou a sua casa, mas não conseguiu dormir, maquinando planos para acabar com André.

A noite sombria e gelada não impediu Fausta de sair de casa com uma sacola pesada nas mãos. Andou vários quarteirões até se ver longe do bairro em que morava. Chegou a uma rua deserta, olhou para os lados e sorriu satisfeita. Pelo tardar das horas não havia uma viva alma na rua.

Abriu a sacola e de dentro tirou uma garrafa de pinga, um alguidar com farofa e um pano preto, que estendeu no chão da encruzilhada, e caprichosamente arrumou tudo em cima. Após acender alguns charutos e abrir a garrafa de pinga, pegou um livro que estava na sacola e procurou pela página que marcara com um "x". Em seguida, pôs-se a recitar algumas palavras em voz alta. Quando acabou o ritual, saiu do local sem olhar para trás.

No caminho de volta para casa, pensou satisfeita:

— Agora aquelazinha da Elza vai ver só uma coisa. Emília não quis me ajudar, mas não sou mulher de desistir de nada. Tenho certeza que esse livro que comprei sobre como fazer despachos é bom!

E, com esses pensamentos, chegou em casa sem se dar conta de estar carregando do seu lado um espírito ignorante, que passava pela encruzilhada na hora em que ela fazia as oferendas. Decidido a ajudá-la e tirar proveito da situação, o espírito recebeu fluidicamente a comida e a bebida e após absorver as energias necessárias, acompanhou Fausta no intuito de fazer o que ela pedia.

Nancy lavava a louça do almoço quando Simone, sua filha, entrou em casa. Ao vê-la, foi logo falando:

— Onde você estava? Já faz mais de duas horas que saiu da escola! Preciso que me ajude, Simone. Seus irmãos ainda não tomaram banho.

Simone deu uma leve olhada à sua volta. Seus três irmãos mais novos brincavam no rústico chão da cozinha. Pegou Nena, a mais nova, no colo e em seguida deu-lhe banho e trocou as fraldas. Em pouco tempo, os três estavam limpos e dormindo.

Respirou aliviada. Detestava ter que ajudar a mãe a cuidar das crianças. Achava que não era obrigada a cuidar dos irmãos. E, com esses pensamentos, voltou à cozinha.

Ao ver que sua mãe estava lavando roupas no fundo do quintal, voltou à sala, onde seu olhar voltou-se para um rádio relógio, o único que a família possuía. Sem pensar duas vezes, colocou-o embaixo da camiseta e saiu rapidamente, sem ser vista por Nancy, que estava ocupada demais com seus serviços, não se dando conta do que se passava dentro de sua casa.

A tarde passou sem que ela se desse conta. Entrou na sala sem ver a filha, indo ao quarto, onde constatou que as crianças dormiam tranquilamente.

— Na certa, a desajuizada da Simone foi à casa da amiga. Essa menina não tem jeito mesmo! — pensou.

Voltando à sala para ver as horas, ao olhar para a pequena estante, espantou-se, pois o aparelho não estava lá. Passou a procurá-lo pela casa inteira, sem o encontrar. Pensou em todas hipóteses possíveis. Não havia entrado ninguém em sua casa.

— A única que entrou e saiu foi Simone.

A esse pensamento, sentiu seu coração gelar. Não podia pensar que sua própria filha a roubaria, mas era óbvio.

Só podia ter sido ela. Mas por quê? Tinham uma vida difícil, disso ela sabia, mas criara a filha com educação e a ensinara a não roubar. Por segundos, passou um filme em sua mente. A filha estava cada dia mais estranha e agressiva, e quase não parava em casa.

Rubens, seu marido, trabalhava o dia inteiro. Não tinha tempo para se preocupar com os problemas do cotidiano.

— Como contar a ele o que aconteceu, quando chegar a noite e der por falta do rádio? Não! Vou contar para Rubens! Simone foi quem roubou o aparelho e vai ter que se explicar com o pai!

Passou a mão na testa, tentando afastar o turbilhão de pensamentos que vinham em sua mente, e pôs-se a preparar o jantar, antes de as crianças acordarem e exigirem sua atenção.

Ronaldo chegou na casa de Zélia às vinte horas. Ele havia combinado de levá-la para jantar. Ao vê-la, fez menção de beijá-la, mas esta o convidou a entrar, recebendo-o friamente. Ao vê-lo acomodado, foi direto ao assunto:

— Olha, Ronaldo! Eu venho pensando em nosso relacionamento e cheguei à conclusão de que não vai dar para levar nosso compromisso adiante...

Zélia fez uma pausa. Ronaldo, procurando se manter calmo, não esboçou nenhum sentimento, o que fez com que ela ficasse mais nervosa ainda. Mas precisava dar um ponto final naquela situação, por isso respirou fundo e prosseguiu:

— Você sabe! Bruno não o aceita e não desejo brigar mais com meu filho. Desculpe!

Zélia calou-se, controlando a vontade que brotava de seu ser de chorar. Ronaldo, ao vê-la calada, levantou-se do sofá em que estava sentado e aproximou-se de Zélia, colocou suas mãos nos ombros dela, olhou por alguns segundos em seus olhos e em seguida, respondeu:

— Sei que gosta de mim e que me quer, mas não vou insistir nesse assunto. Talvez você precise de um tempo para resolver seus problemas com Bruno. Eu entendo. Se mudar de opinião, sabe onde me encontrar.

Ronaldo deu um beijo na face de Zélia e saiu. Quando fechou a porta, Zélia sentiu seu coração disparar. A dor tomava conta de sua alma, fazendo-a chorar compulsivamente. Bruno, que estava em seu quarto, ao ir à sala, encontrou a mãe chorando desesperadamente. Olhando para ela, perguntou:

— Brigou com o doutor Sabe Tudo?

Zélia não respondeu, o que fez com que o rapaz a provocasse, comentando:

— Não esquenta, não! Isso passa. Você não sabe ficar longe dele. Amanhã mesmo irá a seu encontro, fazendo as pazes.

Zélia respirou fundo. Bruno passara dos limites. Decidida a dar um jeito no rapaz, aproximou-se dele, fitando-o firmemente e disse:

— Quer saber por que terminei com Ronaldo? É por sua causa! Estou cansada de sua rebelião. Eu não aguento mais você. Agora saia da minha frente!

O rapaz espantou-se com as palavras da mãe, mas não se fez de rogado, respondendo à altura:

— Eu também não aguento ter uma mãe feito você, mas já que não podemos mudar o que está feito, terá que me aguentar pelo resto de sua vida! Agora vou sair para deixá-la a sós. Quem sabe a solidão possa ser sua companhia daqui para a frente.

Bruno riu prazerosamente e saiu. Zélia, transtornada, começou a quebrar tudo o que via pela frente. Ao sentir-se cansada, sentou-se no chão, ficando em estado de apatia pelo resto da noite.

Já era madrugada quando Simone aproximou-se de sua casa. Bruno levou-a até o portão, dando-lhe um longo beijo, e despedindo-se rapidamente. Ela, ao vê-lo virar a esquina, entrou vagarosamente pela ponta dos pés. Ao aproximar-se do quarto que dividia com os irmãos, sentiu uma mão forte a puxar.

Em poucos segundos, as luzes do quarto foram acesas. Em lugar dos irmãos ela encontrou a mãe e o pai, que estava com uma cinta nas mãos. Sem que ela pudesse raciocinar, Rubens começou a bater na filha com o consentimento de Nancy, que olhava a cena sem se envolver. Simone gritava e pedia socorro, mas, quanto mais ela falava, mais Rubens batia. Quando cansou, jogou-a na cama, dizendo:

— Eu quero saber o porquê de você ter roubado nosso rádio. E não adianta mentir. Já não é a primeira vez que some objeto desta casa. Anda, fala!

— Eu não sei do que o senhor está falando. Eu não roubei nada.

Rubens irritou-se, dizendo colérico:

— Eu quero a verdade! Você tem dois minutos para falar!

Simone começou a chorar. Roubou o rádio para pagar sua parte na dívida de drogas do grupo. Essa era a verdade, mas isso ela nunca poderia falar para o pai. Procurou logo pensar em uma saída. Minutos depois, respondeu:

— Eu... Vou contar a verdade. Eu peguei o rádio para pagar uma dívida.

— Dívida? Mas que dívida? Você não comprou nada de ninguém, filha — perguntou Nancy, quando entendeu melhor a situação.

— Eu... Eu...

Simone sentiu sua cabeça rodar, em seguida desmaiou. Rubens, ao ver a filha desmaiada, se desarmou, procurando acordá-la, mas foi em vão. Nancy correu para o orelhão da esquina e chamou uma ambulância, que não demorou a chegar, levando a moça ao hospital. Rubens ficou desesperado. Exagerara no corretivo, mas nunca imaginaria que algumas cintadas fariam a filha desmaiar.

Em poucos minutos a ambulância chegou ao hospital. Os enfermeiros trataram logo de colocar Simone em uma maca e a levaram à emergência, onde o doutor Oswaldo estava de plantão. Após fazer alguns exames na moça, que continuava desacordada, aplicou-lhe um medicamento que aos poucos fê-la voltar.

Acordou com a figura paterna ao seu lado, sem se dar conta de que estava no hospital, deitada em uma maca. O doutor Oswaldo, ao ver a face pálida da moça, pediu alguns exames mais detalhados, deixando-a sob observação enquanto esperava o resultado.

Elza, ao passar pela sala onde a moça repousava, reconheceu-a. Ao aproximar-se da moça, viu as marcas da cinta no seu rosto. Olhou para Rubens, que sentindo remorso, não conseguia olhar para a filha. Decidiu ajudá-los. Esboçou um sorriso para Simone perguntando:

— Olá! Você deve se lembrar de mim. Sou a mãe de André. Está precisando de alguma coisa?

Simone balançou a cabeça negativamente. Rubens, ao saber que a enfermeira era conhecida de sua filha, chamou-a de canto, dizendo baixinho:

— Sou o pai de Simone. Sei que vocês aqui devem estar me achando um monstro, mas é que Simone me tirou do sério. Ela roubou um aparelho eletrônico de casa. Eu tinha que dar um corretivo!

Elza olhou penalizada para o jovem senhor, dizendo em seguida:

— Não estamos achando nada. Todos os dias vemos coisas iguais a essas. Sou mãe, meu filho tem a idade de sua filha e estudam juntos. Sei que às vezes eles fazem determinadas coisas que nos deixam fora de controle. Embora eu não acredite que é a base de surra que resolvemos alguma coisa, não sou juíza, e sim enfermeira, portanto nem eu nem nenhum dos médicos vamos julgá-lo. Agora, se me der licença, vou ver outros pacientes.

Elza já ia saindo quando Rubens a chamou, dizendo:

— Desculpe! Eu gostaria de lhe pedir um favor. Será que daria para a senhora ver com o médico se já estão prontos os exames? É que, se tudo estiver bem, quero sair daqui o mais rápido possível, sabe. Daqui a pouco tenho que ir trabalhar.

— Vou ver o que posso fazer. Assim que possível, volto.

Elza esboçou um sorriso e saiu, indo à sala de doutor Oswaldo, encontrando-o descansando, pois pelo tardar das horas, não tinha nenhum paciente para atender. Ele, ao vê-la, levantou-se, questionando:

— O que houve? Algum problema?

— Não. Eu só queria saber se o senhor já tem um parecer sobre os exames de uma paciente. É uma garota. Seu nome é Simone.

Oswaldo passou as mãos no rosto no intuito de espantar o cansaço, respondendo em seguida:

— Já acabei de ler os resultados dos exames de urina e de sangue. Não vou poder fazer nada por Simone, pois agora ela não precisa de um clínico, e sim de um ginecologista. Vou encaminhá-la para o doutor Paulo.

— O que ela tem? Alguma doença sexual?

— Não. Bom, pelo menos para mim, gravidez não é sinônimo de doença.

— O quê?! Ela está grávida? — perguntou Elza, lembrando-se do pai da garota.

— Está. Ela vai precisar fazer pré-natal. Leve os exames para o doutor Paulo e ele terminará de examinar a moça. Com certeza, ele fará os encaminhamentos necessários.

Elza não respondeu. Oswaldo, ao ver a face pálida da moça, questionou:

— O que houve?

— Essa menina é amiga de André. O pai a surrou por ela ter roubado um aparelho de casa. Não sei como lhe dar a notícia da gravidez.

— Vai ser um baque para o pai da moça, eu posso imaginar, mas teremos que dar a notícia. Chame-o aqui que eu vou conversar com ele.

Elza saiu, indo ao encontro de Rubens, que continuava ao lado de Simone. Informado de que o médico desejava vê-lo, saiu rapidamente pelo longo corredor. Elza, ao se ver a sós com a garota, passou as mãos em seus cabelos, questionando:

— Acabei de falar com o médico e ele me informou sobre sua gravidez. Você sabia que está gerando uma criança?

Simone fez menção de se levantar, mas Elza não deixou, dizendo:

— Acalme-se! Você não pode fazer força.

A moça passou as mãos no rosto nervosamente, dizendo em seguida:

— Meu pai vai me matar. Eu estava desconfiada, mas não tinha certeza. O que vai ser de mim?

Elza, comovida com a situação da moça, respondeu:

— Você vai ser mãe e é a maior dádiva de Deus. Com o tempo, tudo se ajeita. E o pai da criança? Ele já sabe?

— Não. Eu não falei nada para o Bruno. Achava que minha menstruação estava desregrada, pois o médico me disse que era normal em minha idade.

Elza calou-se por segundos. Começou a encaixar as peças em sua mente. André lhe falara que Simone era namorada de Bruno, mas até então não tinha ligado os fatos. Simone teria grandes problemas pela frente, era só do que tinha certeza.

Pensou em questionar a garota, mas logo viu a figura colérica de Rubens à sua frente se aproximando de Simone, dizendo:

— Você é minha vergonha! O médico me disse que você está grávida! Eu só não te mato aqui e agora porque sei que não vão me deixar!

Rubens parou para respirar. Elza, vendo o estado do senhor, disse, procurando acalmar os ânimos:

— Não fique nervoso, senhor Rubens! Essas coisas fazem parte. Pense que Deus enviou essa criança para trazer alegria e paz para todos.

— Paz? Para quem? Só se for para a senhora! Filha minha, perdida e ainda buchuda, isso não! Eu aceito tudo, menos isso. E, quanto a você — disse, apontando o dedo para Simone —, nunca mais olhe para mim! A partir de hoje, você morreu.

— Mas pai, eu...

Simone não conseguiu falar. Seu pai não a deixou esboçar uma sílaba. Elza, sem poder fazer nada, só olhava para os dois. Rubens não se fez perturbar com o choro de Simone, dizendo em seguida:

— Você se perdeu. Agora, se vire! Vá procurar o pai de seu filho, pois nunca mais vai entrar em casa. Adeus!

Rubens rodou nos calcanhares, saindo feito um rojão do hospital. Elza, ao se ver a sós com a moça, disse tranquilamente:

— Seu pai está nervoso. Ele precisa esfriar a cabeça. Vamos fazer assim. Você fica aí, dorme mais um pouco. Daqui a pouco, acaba meu plantão e eu te levo para minha casa. Depois veremos o que fazer.

Elza passou as mãos no rosto da moça, tentando enxugar as lágrimas que rolavam pela face de Simone. Em seguida, deixou-a sozinha, pois ainda teria algumas horas de trabalho pela frente.

X

Uma gravidez inesperada

O dia já estava clareando quando Elza chegou em casa ao lado de Simone. André já estava acordado tomando seu desjejum, quando viu a mãe com sua amiga. Sem entender nada, questionou:

— O que houve?

— Simone está com alguns problemas, por isso vai passar uns dias conosco. A história é longa. Quando você voltar do colégio, conversamos.

Elza pegou uma xícara de café com leite e ofereceu a Simone, que tomou o líquido quente sem saber o que falar ao amigo. André, procurando ser discreto, respondeu:

— Está certo! Não sei o que se passa, mas fique à vontade, Simone. A casa é sua!

— Obrigada, André! Sua mãe está sendo muito gentil comigo. Agora sei a quem você puxou.

André esboçou um sorriso, deu um beijo na face da mãe e saiu. Elza, ao ver-se a sós com Simone, comentou:

— André gosta muito de você. Tenho certeza de que ele irá te tratar com respeito enquanto estiver aqui. Agora, vou lhe mostrar o quarto que temos sobrando. Não é muito aconchegante, mas trataremos de ajeitá-lo para você.

Elza conduziu Simone até o pequeno quarto, um local simples com apenas uma cama de solteiro e uma cômoda. Simone olhou atentamente para o local, comentando em seguida:

— Esse quarto é ótimo, dona Elza! Não sei nem o que lhe dizer. A senhora está sendo tão boa que não tenho palavras para agradecer.

— Não estou fazendo nada demais. Estou apenas lhe dando guarida até seu pai esfriar a cabeça. Se quiser me agradecer, cuide de você e desse ser que está carregando. Agora vou pegar roupa de cama limpa e você vai dormir. Precisa descansar.

Elza deixou Simone no quarto, voltando em seguida com lençóis limpos. Após ajudar a garota a se acomodar, saiu do quarto, deixando Simone descansando. Pensou em ir dormir, mas queria ter uma conversa com Zélia antes de Bruno voltar do colégio. Sem pensar duas vezes, saiu de sua casa, atravessou a rua e chegando à casa da vizinha, disparou a campainha.

Elza esperou um pouco. Na certa, Zélia ainda estava dormindo. Pensou em voltar para casa, mas dominou o pensamento. Sua vizinha se tornaria avó e quem estava segurando o rojão era ela, e isso não era justo. Cuidaria de Simone pelo tempo que fosse necessário, mas não era ela a parte interessada.

E, com esses pensamentos, apertou novamente a campainha com insistência. Dessa vez não demorou para ver a figura de Zélia à porta, com um roupão e com cara de quem não estava gostando nada de ser amolada às oito horas da manhã.

Elza, sem se fazer de rogada, ao vê-la, foi logo dizendo:

— Sei que isso não é hora de bater na porta dos outros, mas precisamos conversar.

Zélia fez uma expressão de pouco caso ao responder:

— Tudo bem! Entre! Você já me acordou mesmo!

Elza levantou a cabeça e entrou na casa. Zélia, ao chegar na sala, indicou o sofá para Elza, sentando-se em seguida. Ao ver a visita acomodada, perguntou:

— Em que posso lhe ser útil?

— Bem... Sei que estou te incomodando, mas o assunto que me traz aqui é de seu interesse.

Zélia baixou a cabeça. Na certa, Elza já estava sabendo que Bruno se envolvera com o que não devia e iria lhe pedir para não deixar seu filho aproximar-se do dela, e com certeza iria tripudiar em cima de sua desgraça, mas, não querendo se fazer de coitada, comentou:

— Já devo estar a par do que você quer me falar, mas diga! Quero saber de sua boca.

— Sabe? Mas Simone me garantiu que Bruno não sabia de nada!

Zélia não entendeu. Na certa elas estavam falando sobre assuntos diferentes. Decidiu ser agradável ao responder:

— Bem, acho que não estamos falando a mesma língua. Espere um minuto que vou passar um café. Assim eu desperto e poderemos conversar melhor.

Elza sorriu ao ver Zélia sair. Pensou:

— Não sei como pude me meter nessa história. Ainda mais se tratando de Zélia, que não vai com a minha cara.

Em poucos minutos, Zélia voltou à sala com uma bandeja nas mãos. Elza educadamente pegou uma xícara de café fresco, esperou Zélia sorver um gole de café e comentou:

— Estava pensando. Como esses jovens de hoje são diferentes! Nós namorávamos e nos casávamos virgens. Antes disso, era um beijo aqui e outro ali.

— Isso é verdade, mas a culpa é nossa mesmo. Não se esqueça de que nossa geração foi a que deu o primeiro passo para o movimento feminista. Saímos às ruas, reivindicamos nossos direitos. Agora podemos nos separar, trabalhar, ter vida própria e, com isso, essa nova geração está se espelhando em nós.

— Bem, talvez tenhamos uma visão diferente dos acontecimentos. É claro que tenho minhas convicções, lutei e luto pela liberdade da mulher, pelo direito de ir e vir. Acho somente que as moças de hoje estão confundindo liberdade com libertinagem. Mas não foi para discutir o movimento feminista que vim aqui.

— Eu imagino — respondeu Zélia, terminando de tomar o café.

Elza, após tomar mais um gole do líquido, tomou coragem e foi direto ao assunto:

— O que aconteceu foi o seguinte: não sei o que você sabe, mas Bruno está de namoro com uma moça chamada Simone.

— Fiquei sabendo por cima. Bruno não me fala nada sobre essa moça. Eu sei que ela está sempre em sua casa. Eu já a vi várias vezes, conversando com André.

— É. Simone e André são amigos. E foi por esse motivo que hoje eu dei abrigo a ela. Essa noite ela chegou desmaiada ao lado do pai, no hospital. Ela está grávida e, quando o pai descobriu, saiu do hospital dizendo não querer vê-la nunca mais. Fiquei penalizada com a situação, uma vez que conheço a moça. Quando questionei sobre a paternidade, ela me disse que Bruno é o pai.

Zélia empalideceu-se. Tentou se controlar, mas não conseguiu, respondendo nervosa:

— Essa menina está mentindo! Duvido que meu filho seja o pai! E me admira você pegar uma desclassificada como essa que sai com tudo quanto é garoto e colocar dentro de sua casa! Ainda vem me dizer que Bruno é o pai desse bastardo?

Elza suspirou profundamente, mas, diante das circunstâncias, levantou-se dizendo:

— Sei que para você isso está sendo um choque. A garota ficará em minha casa o tempo que for preciso. Quando se sentir mais calma, vá até minha casa e converse civilizadamente com a pobre moça. Bem, agora tenho que ir. Trabalhei vinte e quatro horas sem parar. Quero dormir um pouco. Obrigada pelo café!

Elza saiu da casa de Zélia. Esta, ao se ver sozinha, pensou em alto:

— Eu, avó? Essa Elza é louca! Onde já se viu, acreditar nas palavras de uma jovem como essa despudorada. Era só o que me faltava.

E, com esses pensamentos, procurou se acalmar, tentando de todas as formas se convencer de que a notícia dada por Elza não passava de uma brincadeira de mau gosto.

Ronaldo chegou em seu escritório depois das dez horas da manhã. Gildo, preocupado com o amigo, ao vê-lo, foi logo questionando:

— O que aconteceu?

Ronaldo sentou-se confortavelmente em sua cadeira antes de responder:

— Me atrasei, só isso!

— Já sei! Ficou até tarde em companhia de Zélia. A noite, pelo jeito, foi boa. Você me parece cansado.

— Está enganado. Zélia terminou comigo ontem. Não chegamos nem a sair para jantar. Eu aproveitei para ver um amigo e ficamos conversando até tarde, só isso.

— Só isso?! Você me fala que levou um fora de Zélia nessa naturalidade? — perguntou Gildo com ar de espanto ao amigo, que, após dar uma risada gostosa, comentou:

— Não tenho porque ficar deprimido, chorando pelos cantos. A vida é sábia. Está tudo correndo perfeitamente muito bem. Deus sabe o que faz.

— Eu queria ter um terço da frieza que você tem para encarar os fatos.

— Pela forma como você fala, parece até que sou frio e calculista! Não é isso. Nesse caso, por exemplo, Zélia está com problemas com seu filho que se envolveu com drogas. Ela precisa resolver seus problemas. Eu, estando presente, só estarei atrapalhando.

— Ela te disse isso com todas as letras?

— Não. Apenas disse que Bruno não me aceita. Ela pensa que não sei que Bruno está se drogando.

Gildo puxou uma cadeira e sentou-se próximo ao amigo, questionando:

— Se ela não lhe falou sobre os problemas do filho, eu só quero entender como você tem tanta certeza de que o rapaz está no mundo das drogas.

Um brilho indefinido passou pelos olhos de Ronaldo, que respondeu calmamente ao amigo:

— Muito simples. A vida sempre dá sinais, nos mostra a verdade, a realidade dos fatos. Bruno há muito tempo está se envolvendo com as drogas. Só não enxerga quem não quer. Além disso, ele está cercado por espíritos ignorantes que o estão viciando cada vez mais nas drogas. Zélia não sabe, mas ela também está se deixando influenciar por esses espíritos, por isso terminou o namoro comigo.

Gildo pensou em contestar. Ronaldo falava de sinais da vida, mas ele estava fugindo da realidade, querendo acreditar que levara um chega pra lá de Zélia por influências externas, mas não disse nada. Ronaldo, ao perceber o que se passava pela mente do amigo, comentou:

— Sei que você não acredita, mas é a pura verdade. Ontem, quando saí da casa de Zélia, me encontrei com esse meu amigo. Ao comentar com ele, fiquei sabendo que há um grupo de viciados no espiritual que está influenciando Bruno e um vizinho, cujo nome é André, e mais alguns jovens. O intuito desse grupo é fazer com que os jovens se envolvam cada vez mais com os vícios para, além de sugarem-lhes as energias, ainda destruir e escravizar esses jovens.

— Tá! Mas e esse seu amigo? Ele está a par da situação por ser o pai de algum dos jovens ou o quê?

— Sei que está confuso. Esse meu amigo conhece a história dos rapazes. Ele é médium e quer ajudar essas pessoas, mas não quer que ninguém saiba que é ele, assim fica mais fácil combater esse grupo do astral.

— Certo, mas, se esse grupo de espíritos souber de tudo isso, vão fazer de tudo para impedi-lo de agir a favor dos jovens, não é verdade?

— Sim, mas há uma lei de atração no Universo. Se você tiver suas energias voltadas para o bem, o mal não conseguirá te atingir, pois as boas vibrações vencem as más. Assim eles não poderão fazer nada contra mim ou ao meu amigo, entendeu?

— Entender, eu entendi... Bem, vamos trabalhar. Prometo que vou começar a ler esses livros que você carrega para cima e para baixo. Quem sabe, consigo entender melhor esse seu mundo espiritual.

— Meu não, nosso! Deus está em todas as partes, portanto a espiritualidade não tem dono.

Ronaldo calou-se. Gildo tratou logo de lhe dar alguns papéis para assinar e o colocou a par de alguns processos que precisavam de uma maior atenção, encerrando assim os assuntos externos.

Bruno entrou em casa nervoso. Soubera através dos colegas que Simone estava na casa de André, pois seu ex-amigo comentara com um dos rapazes que estudavam com eles e este fora questioná-lo, fazendo comentários maldosos, insinuando que Bruno estava sendo traído deliberadamente. Mas aquilo não ia ficar assim. Simone teria que lhe dar um bom motivo para estar abrigada na casa de Elza.

Zélia, que vira o filho chegar em casa com cara de poucos amigos, foi ao seu encontro, comentando:

— Elza esteve aqui esta manhã. Ela deu abrigo à sua namorada, que foi expulsa de casa pelo pai. Ele descobriu que ela está grávida.

Bruno abriu a boca, fechando-a em seguida, pois sua mãe não deu tempo para ele sequer pensar, prosseguindo:

— O que me deixou irritada é que Elza teve a cara de pau de dizer que o filho é seu. Onde se viu, essa menina vive na casa dela, ao lado de André!

Bruno arregalou os olhos. Sua mãe era a segunda pessoa a sugerir que Simone o traía com André.

— Não pode ser! Simone sempre se mostrou tão honesta! — pensou.

Mas por instantes lembrou-se da reação que eles tinham com o uso das drogas. Ficavam mais soltos, desinibidos, sentiam-se livres para serem o que quisessem e fazerem o que bem entendessem.

— E se ela e André, em uma dessas vezes que usaram maconha ou coca... Claro! Isso pode muito bem ter acontecido! Mas como não percebi? — pensava Bruno, trincando os dentes. — Na certa, Simone está grávida de André, por isso pediu apoio a Elza, que, sem saber de nada do que André faz, acabou acreditando que Simone está esperando um filho meu. Aqueles sacanas, se divertindo às minhas custas! Mas isso não vai ficar assim. Se eles pensam que vão rir de mim, estão muito enganados.

Bruno foi para seu quarto, sem sequer responder às indagações de Zélia, que, ao vê-lo se afastar, sorriu:

— Eu sabia que meu filho não ia acreditar nessa história. Conheço-o muito bem. Ele sequer vai olhar para a cara dessa maloqueira.

E, com esses pensamentos, tratou de cuidar de sua aparência, que, por ter chorado muito na noite anterior e por ter sido acordada por Elza, estava horrível.

Já passava das três horas da tarde quando Simone acordou. Após dar uma ajeitada no visual, foi à sala, onde André ouvia música. Ao aproximar-se dele, abriu um singelo sorriso, dizendo:

— Você já deve estar sabendo porque estou aqui em sua casa.

André sentou-se decentemente, fazendo menção para a amiga sentar-se ao seu lado. Deu uma breve olhada para ver se sua mãe não estava por perto e respondeu:

— Minha mãe me contou, mas não é isso que me preocupa. Por mim, você fica morando aqui o tempo que quiser, mas...

André respirou fundo antes de continuar:

— Você sabe! Eu e Bruno já não nos falamos mais e você é namorada dele. Creio que ele não vai gostar nada dessa história.

Simone pensou por alguns instantes, antes de responder:

— Bruno terá que entender. Eu não tenho para onde ir. Foi uma sorte eu ter parado no hospital onde sua mãe trabalha. Se não fosse por ela, a estas horas eu estaria perambulando pelas ruas.

— Disso eu sei, mas minha mãe foi conversar hoje de manhã com Dona Zélia e ela não acredita que o filho que você está esperando seja de Bruno. Imagine que ela chegou a insinuar que nós tivemos relações íntimas! E, se bem conheço a peça, ela vai fazer de tudo para que você e Bruno não fiquem juntos.

Simone levantou-se nervosa, irritada com o que acabara de saber, respondendo:

— Pois eu vou agora à casa de Bruno! Quero ver se aquela perua vai ter coragem de dizer isso na minha cara!

Saiu, sem dar tempo para André impedi-la. Em poucos minutos estava na porta da casa de Bruno. Após apertar a campainha, foi atendida por Zélia, que, ao ver de quem se tratava, perguntou com ar de poucos amigos:

— O que você quer?

— Quero falar com Bruno. A senhora poderia fazer o favor de chamá-lo?

— Meu filho não está. E, mesmo que ele estivesse, eu não o chamaria.

Simone respirou fundo. Teve ímpetos de xingá-la, mas procurou se controlar. Bruno, que ouvia a conversa, aproximou-se da porta de entrada e colocou-se à frente de Zélia, dizendo:

— Entre, Simone! Precisamos conversar.

Simone abriu um sorriso, provocando Zélia, que mesmo a contragosto deixou a garota entrar. Os dois foram para o quarto de Bruno, que trancou a porta para não serem interrompidos pela mãe. Em seguida, sentou-se na cama. Simone aproximou-se para beijá-lo, mas o rapaz esquivou-se, dizendo friamente:

— Temos muito para conversar. Não foi para isso que você veio aqui.

Simone passou as mãos nos cabelos nervosamente. Com todos os problemas por que estava passando, pensava em receber conforto de Bruno, mas se enganara. Ele se mostrava frio e indiferente.

— Nós vamos ter um filho e meu pai me colocou para fora de casa com a roupa do corpo. Preciso de sua ajuda!

Bruno levantou-se, andou de um lado para o outro, respondendo em tom sarcástico:

— Você não precisa de minha ajuda, pois, pelo que sei, está sob a proteção de André! Além do mais, quem me garante que o filho é meu?

— Eu! Eu garanto que o filho é seu. Você está pensando que eu sou o quê? — gritou Simone, cuspindo fogo.

Bruno, que não se deixou intimidar, retrucou:

— Não sei! Todos da escola estão fazendo piadinhas, rindo de mim, porque dizem que você e André saíram juntos, se é que me entende! Você quer que eu diga que você é o quê? Santa?

— Posso não ser santa, tenho meus defeitos, que você sabe muito bem quais são, mas leviana também não sou... Quer saber? Dane-se você. Eu vou me virar sozinha!

Simone abriu a porta do quarto e saiu, dando de cara com Zélia, que escutava a conversa do lado de fora do quarto. Ao vê-la, comentou:

— A senhora pode ficar sossegada, que agora quem não quer mais falar com seu filho sou eu!

Simone saiu da casa aos prantos. Seu coração doía. Não pensava que Bruno duvidaria de sua honestidade. Mas aquilo não ficaria assim. Bruno pagaria caro por tudo o que estava fazendo com ela. E, com essa forma de pensar, voltou para seu quarto, chorando sua dor.

XI

Um plano de vingança

Elza preparava o jantar pensativa. Simone havia lhe confidenciado seus sentimentos em relação a Bruno e a conversa que tivera com o rapaz, acabando de uma vez por todas com seu relacionamento.

Penalizada, deu apoio à moça, dizendo-lhe que cuidaria dela e da criança caso isso fosse necessário, mas ficara preocupada. Uma vez que sua responsabilidade aumentaria e, com o pouco tempo livre, ficaria difícil comandar a situação. Era mulher, conhecia bem o universo feminino e o masculino também. Seu medo maior era de um possível envolvimento da moça com André, pois seu filho encontrava-se no auge de sua sexualidade. Mas, já que dera sua palavra à moça, não voltaria atrás. Cuidaria de Simone como uma filha que não tivera, sem deixar, é claro, de ficar de olhos bem abertos para a amizade dos dois jovens.

Elza terminou de preparar o jantar, indo tomar banho, pois Francisco logo chegaria. Em poucos minutos estava pronta, sentada no sofá da sala ao lado do filho e de Simone, que, mesmo com o rosto inchado de tanto chorar, fazia-se presente. Elza, procurando dar conselhos aos jovens, passou a falar de algumas de suas experiências no hospital em que trabalhava.

O tempo foi passando. André, ao olhar nervosamente para o relógio, comentou:

— Francisco está demorando. Estou com fome. Acho que vou jantar.

— Isso! Vá jantar com Simone. Deve ter acontecido algum contratempo com Francisco. Vou esperá-lo — respondeu Elza, com uma certa preocupação que não conseguia disfarçar.

Os jovens foram à cozinha, serviram-se de um bom prato de sopa que estava uma delícia. Quando terminaram de comer, Simone comentou:

— Sua mãe está nervosa. O que será que aconteceu com Francisco?

— Não sei! Só espero que ele tenha uma boa desculpa pelo atraso, pois minha mãe é extremamente correta, detesta ficar esperando. Ela se separou de meu pai por causa disso. Ele vivia chegando tarde em casa, sempre dando uma desculpa, mas minha mãe sentia o cheiro de bebida alcoólica. Não demorou para a separação vir. Mas vamos pensar que o atraso de Francisco não seja nada de mais.

André levantou-se, fez menção de lavar a louça, mas Simone o afastou, dizendo:

— Deixe que eu lavo a louça. Você enxuga.

André abriu um sorriso e obedeceu. Em poucos minutos, a cozinha estava limpa. Os jovens voltaram à sala, onde Elza, impaciente, andava de um lado para outro, só parando quando a campainha soou. Correu para abrir a porta. Era Francisco, que ao vê-la, deu-lhe um beijo e entrou, cambaleando um pouco. Elza, ao sentir o cheiro de cachaça que ele exalava da boca e ao vê-lo quase caindo, perguntou nervosa:

— O que houve? Estou te esperando há mais de duas horas para jantarmos!

Francisco, não se aguentando em pé, sentou-se, respondendo com voz mole:

— Desculpe se atrasei... É que...

Elza não se conteve. Ao ouvir Francisco falar soluçando e sem pensar duas vezes, disse, irritada:

— Você estava bebendo! E, para mim, não há desculpa para homens que ficam em botecos, enchendo a cara. Se você faz isso agora, enquanto namoramos, já estou imaginando o que vai fazer se casarmos.

Elza estava furiosa. Pensou em mandá-lo embora, mas o estado de Francisco não o permitia dirigir. Olhou para André, que assistia à cena ao lado de Simone sem falar nada, e pediu:

— Leve Francisco para tomar um banho, por favor! Água gelada vai ajudar a recuperá-lo.

André obedeceu de pronto e com muito sacrifício conduziu Francisco até o banheiro. Após ajudá-lo a se despir, colocou-o embaixo da ducha fria, deixando-o lá por um bom tempo. O que ele não podia ver era a presença do espírito ignorante que Fausta invocara, que ria da cena prazerosamente, pois estava perto de realizar o desejo de sua contratante.

O dia mal havia amanhecido e Fausta já estava com a mesa do café da manhã pronta. Sentia-se animada. Viu quando o filho chegou em casa tarde da noite. Parecia estar alcoolizado, mas, ao questioná-lo, pudera perceber que seu relacionamento com Elza estava indo de mal a pior. Tentou puxar assunto, mas o rapaz, cansado, não lhe deu ouvidos, indo para seu quarto dormir. Suspirou aliviada em relembrar a cena.

Em poucos minutos, Francisco apareceu em sua frente. Ela, ao vê-lo, comentou:

— Bom dia, filho! Já fiz o café da manhã. Sente-se!

Francisco sentou-se, servindo-se de uma xícara de leite quente. Fausta, ao vê-lo com o rosto inchado, denunciando uma noite mal dormida, perguntou:

— Você me parece estar triste. Não quer desabafar comigo? Sou sua mãe!

Francisco pôs-se a chorar. A voz doce e calma de sua mãe o deixara frágil. Fausta passou as mãos carinhosamente na cabeça do filho. Quando ele se sentiu mais calmo, desabafou:

— Ontem eu fiz uma besteira. Eu estava indo para a casa de Elza e, ao passar por um bar aqui perto, vi um amigo jogando bilhar e do nada pensei em parar para bater um papo. Parei o carro e entrei no barzinho. Esse meu amigo, ao me ver, ficou todo feliz. Pedimos uma cerveja e começamos a beber, enquanto ele falava da vida dele. Cerveja vai, cerveja vem, passamos para a caipirinha. Quando dei por mim, já estava tarde. Eu não sei o que me deu. Deveria ter voltado para casa e ligado para Elza e dado uma desculpa, mas não! Cheguei na casa dela cambaleando. Passei a maior vergonha. André, coitado, teve que me jogar embaixo da água fria. Quando eu melhorei um pouco, Elza, nervosa, disse que não ia continuar namorando comigo, pois, se eu cheguei bêbado em sua casa antes de nos casarmos, depois faria o mesmo.

Francisco não conseguia controlar as lágrimas que insistiam em cair por sua face. Fausta sorriu intimamente, mas, tentando não mostrar seus sentimentos, comentou com um tom triste na voz:

— Não fique assim. Você errou, mas quem não erra? Sou mulher e conheço muito bem os sentimentos femininos. Elza está magoada, pois não esperava vê-lo um pouco alcoolizado. Mas deixe a poeira abaixar. Tenho certeza que, se ela realmente te ama, vai perdoá-lo e esquecer esse pequeno episódio.

Francisco levantou-se. A palavra de Fausta confortara-lhe. Deu um beijo na mãe e saiu de casa rumo a seu trabalho.

Elza almoçava tranquila no refeitório do hospital quando Meire sentou-se ao seu lado. Esta, após ajeitar seu prato de comida e pegar os talheres, comentou:

— Você está com cara de quem comeu e não gostou. Todos estão comentando.

Elza parou de comer, olhou fixamente para a amiga, respondendo:

— Isso aqui nem parece um hospital, parece um tanque de lavadeira. Como o povo é fofoqueiro! Vocês deveriam se preocupar com os pacientes e não com seus colegas de trabalho.

— Credo! Que mau humor! Vocês? Tire o "s", pois eu não sou fofoqueira, só estou preocupada com você, porque sou sua amiga!

— Ora, Meire! Sei que no meu caso em especial está realmente preocupada com meu bem-estar, mas fofoqueira você é!

Meire não respondeu. Elza a magoara com seu comentário, decidindo calar-se. Elza terminou o almoço sossegada e, após tomar um copo de suco, comentou:

— Sei que está chateada comigo, Meire. Gosto de você e sei que a recíproca é verdadeira, mas não posso deixar de falar o que penso. Eu a vejo o dia todo, ora em uma sala, ora em outra, conversando com todo mundo, sem se preocupar com o que realmente interessa, que é cuidar dos pacientes. Você e a maioria dos profissionais deste hospital, com algumas exceções, só sabem reclamar que não ganham bem, trabalham demais, mas se esquecem de que são profissionais da saúde. Às vezes, fico penalizada com a diferença de tratamento neste hospital. Os conveniados são sempre bem atendidos, pois pagam e bem pelos nossos serviços, mas os coitados dos pacientes do INSS muitas vezes são tratados mal e com indiferença. E o que nós fazemos? Ficamos o dia inteiro falando da vida alheia.

— Você não pode me colocar nesses exemplos. Faço meu serviço, não destrato ninguém, atendo a todos igualmente. Você é quem é séria demais. Tudo bem, às vezes fico nos corredores jogando conversa fora, mas quando não tenho muito o que fazer.

— Eu sei, mas vamos deixar esse assunto para depois. Não estou com cabeça para debater com você.

Elza pôs-se a falar o que aconteceu com Francisco. Meire a ouvia atentamente. Quando a amiga terminou, Meire comentou, pasma:

— Quem diria que Francisco é chegado em uma cachaça? Sempre se mostrou tão sério e responsável aqui no hospital.

— É, mas quero que me prometa que não vai contar essa história para ninguém. Isso pode prejudicá-lo e não é minha intenção desmoralizá-lo; só não quero continuar o namoro. Gosto de Francisco, achei que poderia se tornar um parceiro, alguém para compartilhar as alegrias e as tristezas da vida, mas sabe como eu sou. Não quero um homem que prefere o boteco a mim, e depois, conheço bem essa história e sei muito bem como ela acaba.

Elza levantou-se. Ao olhar para o relógio de pulso, comentou:

— Agora vou voltar ao meu trabalho. Até mais!

— Até! — respondeu Meire, com ar pensativo, pois pela primeira vez começava a pensar em suas atitudes no trabalho.

Bruno saía do colégio quando Guto aproximou-se, dizendo:

— Preciso bater um papo com você.

— Fale logo! — respondeu Bruno asperamente.

— Vamos até um lugar mais sossegado.

Guto passou a andar rápido sendo seguido por Bruno. Andaram alguns quarteirões até chegarem ao cemitério, que àquela hora do dia estava com algumas pessoas.

Em poucos instantes os dois pararam próximo ao mausoléu onde o grupo costumava se reunir. Bruno olhou à sua volta, não costumava caminhar por aquele local durante o dia, sentindo-se um pouco melancólico. Guto, ao vê-lo pensativo, foi logo ao assunto.

— Sei que você não está nos seus melhores dias, mas é por isso que eu quero lhe falar.

— Diga logo, pois tenho muito o que fazer.

— Olha cara, as coisas não andam nada bem, a turma anda comentando a saída de André e o que aconteceu com Simone. Precisamos tomar uma providência, o pessoal tá começando a achar que você é um fraco.

— Quem tá falando isso?

— Não vou citar nomes, porque não vem ao caso. Você tá vacilando. Primeiro o André sai e você deixou pra lá. Até aí tudo bem, mas a Simone, além de sair, tá grávida de seu melhor amigo. Assim não dá! Perde o respeito e daqui a pouco os outros vão se achar no direito de aprontar também.

Bruno rangeu os dentes. As palavras de Guto foram como uma flecha de ódio no peito dele, fazendo-o sentir o desejo de vingança.

— Você está certo, Guto. Preciso me vingar daqueles dois traidores, mas como?

Guto esboçou um leve sorriso antes de lhe responder:

— Estive pensando. André e Simone saíram do nosso grupo, mas não devem ter parado de se viciar, então tenho um plano.

Guto contou para o amigo tudo o que tinha em mente. Bruno ouvia atentamente todos os detalhes, deixando-se envolver naquela energia de vingança. Quando Guto terminou, Bruno comentou:

— Ótimo! Gostei da sua ideia. Tem minha autorização para colocá-la em prática. Vamos mostrar para aqueles dois que ninguém brinca conosco. "Trairagem" se paga com "trairagem".

— É isso aí, olho por olho, dente por dente!

Guto abraçou seu companheiro em sinal de amizade. Estava feliz por Bruno ter concordado com o plano. Sorria por dentro por poder acabar com o nariz empinado de André e com Simone, que longe de Bruno, não poderia mais dar suas opiniões contra ele.

E, com esses pensamentos, despediu-se de Bruno, indo colocar em prática o começo do plano de vingança.

Francisco estava abatido, trabalhara o dia inteiro calado. Seu serviço era na portaria do hospital, o que dificultava um pouco seus encontros com Elza. Naqueles dois meses de namoro, ela sempre dava um jeitinho de vê-lo, nem que fosse de longe, mas naquele dia não a vira, o que o entristecera ainda mais.

Na volta para casa, sentiu uma necessidade de conversar com alguém para desabafar. Ao passar pelo bar onde ficara na noite anterior, sentiu a garganta seca e parou o carro, encontrando Sérgio, o amigo com quem estivera, animando-se ao vê-lo.

Cumprimentou a todos, aproximando-se de Sérgio que, ao vê-lo, estendeu-lhe a mão e, com um sorriso nos lábios, convidou-o para sentar-se, dizendo:

— Pelo visto, você gostou daqui. Fico feliz. É sempre bom ter um amigo por perto.

— Este bar é tranquilo. O ambiente é familiar e amigo. Gostei mesmo daqui.

— Então vamos tomar uma cerveja para comemorar!

Sérgio pediu uma cerveja e os dois começaram a beber. Francisco, após alguns copos de bebida, comentou o que acontecera a Sérgio, que, após ouvi-lo, comentou:

— Olha, Francisco! Você me conhece. Gosto de ter minha independência. Sou casado e minha esposa não gosta que eu fique aqui. Mulher é tudo igual, elas acham que devem mandar na gente, que somos um soldadinho de chumbo, que temos que ir do trabalho para casa. Eu estou cansado disso! Se não fossem as crianças, eu me separaria. Quero ter um pouco de liberdade, poder bater papo assim como estou fazendo com você, por isso, se essa sua namorada já brigou com você só porque ficou no bar batendo papo com seus amigos, imagine o que ela faria caso vocês se casassem. Você não vai poder nem respirar longe dela.

Francisco ficou pensativo. Sérgio estava com razão. O fim de seu namoro viera a calhar, pois ficara livre para fazer o que bem entendesse de sua vida. Diante dessa conclusão, levantou o copo de cerveja e falou:

— Um brinde à liberdade!

Sérgio levantou o copo e os dois brindaram, bebendo em seguida o líquido. Já era madrugada alta quando Francisco saiu do bar. Em poucos minutos chegou em sua casa. Ao entrar, encontrou Fausta preocupada, que, ao vê-lo naquele estado, comentou:

— Você estava no bar de novo? Precisa maneirar, filho!

— Eu tava com meu amigo... Vou deitar — respondeu com uma voz mole.

Francisco foi para seu quarto, jogando-se na cama com roupa e tudo, mas não conseguiu dormir. Sua cabeça rodava. Logo um enjoo fez com que ele se levantasse, indo ao banheiro, onde colocou pra fora tudo o que bebera. Em seguida, abriu a torneira do lavatório, jogou um pouco de água no rosto e em poucos minutos se sentiu melhor, decidindo dormir. Voltou para a cama, onde após alguns minutos finalmente adormeceu.

Ronaldo saiu de seu escritório apressadamente. Entrou em seu automóvel, que estava no estacionamento, e partiu. O trânsito do horário de pico o deixou nervoso por instantes, mas suspirou profundamente.

— Não posso brigar com o mundo só por estar atrasado — pensou.

Ao olhar para a avenida e ver o trânsito completamente parado, rendeu-se, ligando o som do toca-fitas para ouvir música clássica. Em pouco mais de uma hora conseguiu entrar em um restaurante, onde, após se fazer anunciar pela recepcionista do local, fora encaminhado a uma mesa onde um homem de branco o esperava ansioso. Ao vê-lo, Ronaldo esboçou um sorriso e o cumprimentou, dizendo:

— Olá, Oswaldo! Desculpe o atraso, mas tive um cliente de última hora no escritório.

— Não se preocupe! Essas coisas acontecem.

Ronaldo sentou-se e após pedir um suco ao garçom, perguntou:

— Você me disse ao telefone que tem novidades?

— É, tenho! Você sabe que trabalho com Elza. Quando você veio me pedir ajuda espiritual, eu já conhecia o caso e é por isso que estou tão preocupado em ajudar. Acredito que a vida não me deixou a par de toda essa história por acaso.

— Mesmo porque o acaso não existe, não é isso? Nada nos é colocado nesta vida ao mero acaso.

— É verdade! Quando há "acasos" em nossa vida, devemos prestar muita atenção nos sinais que o Universo nos dá para aprendermos ou melhorarmos. Mas não é sobre esse assunto que o chamei aqui. Você já sabe que há um grupo no astral interessado em levar os jovens para o mundo das drogas e que esses espíritos usam a fraqueza desses jovens para proveito próprio.

— Você já me explicou o processo. Todos nós temos qualidades e defeitos. Uma vez que um espírito já tenha se viciado em uma outra encarnação, nessa ele terá uma tendência aos vícios, tendência essa que é percebida por esses espíritos ignorantes.

— Pois bem, é exatamente isso! O filho de Zélia e o de Elza têm essa tendência, logo, uma vez que se deixaram envolver por essa energia, acabaram por entrar no mundo das drogas.

Oswaldo parou de falar quando o garçom aproximou-se da mesa para servir o suco, continuando assim que se viram a sós.

— Pois bem, você havia me falado que Bruno estava namorando uma moça chamada Simone, não me disse?

Ronaldo pensou um pouco e em seguida respondeu:

— Falei. Quando o procurei naquela noite em que Zélia me deixou, contei tudo o que sabia.

Oswaldo relatou tudo o que ficara sabendo tanto a respeito de Simone quanto a respeito de Francisco e do término de seu namoro com Elza, finalizando:

— Como você pode ver, esses espíritos estão fazendo de tudo para deixar Zélia mais vulnerável ainda, e Elza com um aglomerado de problemas.

— Nossa! Se eu já não tivesse tido tantas provas a respeito da espiritualidade, eu diria que essa história é coisa de louco!

— Pois não é? Há muito mais mistérios entre o céu e a terra do que possa vir a explicar a nossa vã filosofia.

— É! Shakespeare tinha razão. Mas me diga! O que devemos fazer para ajudá-los a sair dessa situação?

— Nós não temos muito a fazer. Estou tentando fazer com que Elza procure auxílio espiritual, assim será mais fácil ajudá-los. Só nos resta continuar fazendo preces e continuar pedindo ajuda para essas famílias.

Ronaldo concordou com a cabeça. Oswaldo mudou o rumo da conversa e os dois amigos passaram a falar de suas carreiras, cada um contando as vantagens e desvantagens de seus trabalhos.

Emília regava as flores do jardim de sua casa sem prestar atenção em nada. O dia ensolarado proporcionava uma agradável sensação ao mexer com a água e a terra. Fausta, que observava a vizinha ao longe, aproximou-se chamando sua atenção:

— Bom dia, Emília! Como tem passado?

— Bom dia! Estou ótima, com as graças de Deus! — respondeu Emília ao fechar a torneira da mangueira do jardim.

Fausta, querendo puxar assunto, comentou amavelmente:

— Suas flores estão lindas. Você tem uma mão abençoada para cuidar das plantas.

— Adoro mexer com a terra. Cuido de minhas plantas com amor, ganhando em troca o perfume e a beleza delicada das flores em meu jardim. Mas você está precisando de alguma coisa?

Fausta ficou pensativa. Emília a conhecia muito bem. Pensou em desistir de seu intuito, mas, num momento de decisão, respondeu:

— Eu estou com um pequeno problema. Gostaria, se possível, que você lesse as cartas de tarô para mim.

— Ora, Fausta! Da última vez que vi a sorte para você, lembro-me bem que me disse que não acreditava nessas coisas.

— É, eu sei. Estava nervosa, desculpe! Percebi que depois que você jogou cartas para mim aquele dia em minha casa, você se afastou de mim. Eu não queria ter te magoado.

Emília sorriu. Fausta estava sendo agradável só para a consultar, mas decidiu ajudá-la, dizendo em tom calmo:

— Não estou magoada contigo. Venha, entre!

Fausta entrou na casa da vizinha que cordialmente lhe serviu uma xícara de café. Em seguida, Emília pegou seu jogo de cartas e, após colocar um pano na mesa, colocou as cartas de tarô em cima.

Fausta, mostrando-se agradável, não parava de sorrir à amiga, que, após fazer uma breve meditação, convidou-a a sentar-se, embaralhou as cartas e ofereceu para Fausta, que cortou duas vezes o baralho. Só então Emília as mostrou e as distribuiu na mesa, ficando a estudá-las. Quando terminou, comentou:

— Pelo visto você conseguiu o que queria. Francisco se afastou de sua namorada, mas você pagará caro por isso. Vejo seu filho às voltas de sombras escuras que lhe trarão muitos dissabores. Ah, Fausta! Quando é que vai aprender que não se deve interferir no destino de ninguém?

— Não fiz nada de errado. Meu filho não precisa daquela desclassificada para nada. Você é que é dramática. Gosta de colocar medo nos outros. Francisco está chateado com o término do namoro, mas logo passará e tudo voltará ao normal. Admita que eu venci!

Emília balançou a cabeça respondendo:

— Quem é você para vencer o destino? A única coisa que conseguiu, ao se aliar com espíritos atrasados para atrapalhar o namoro de seu filho, foi sofrimento para ele e dívidas com o Universo para si própria. Nenhum ato passa despercebido pela luz cósmica. Tudo o que se faz para o bem ou para o mal, cedo ou tarde irá retornar com força maior. É a lei da vida.

Fausta levantou-se irritada e, sem responder, saiu da casa da amiga, que, ao se ver a sós, pensou:

— Fausta está passando dos limites e Francisco deixou-se influenciar por esses espíritos, mas Deus sabe o que faz e tudo há de dar certo.

Emília fechou o jogo de cartas, voltando a seus afazeres, procurando não se preocupar mais com os problemas da vizinha.

XII

Os fios da vingança se apertam

Simone limpava a casa de Elza pensativa. Já fazia alguns dias que estava naquele lar. Sentiu saudades da casa de seus pais, desejava estar com sua mãe e com seus irmãos, mas isso era impossível.

Lembrou-se da última conversa que tivera com Nancy no dia anterior em que fora com André pegar seus pertences. Encontrou sua mãe chateada. Ao vê-la, Nancy começou a chorar e com tristeza entregou seus pertences, dizendo:

— Seu pai vai brigar comigo, pois me proibiu até de te entregar suas roupas, mas não tiro sua razão. Ele está decepcionado com você. O que andou fazendo de sua vida, filha? Primeiro você nos rouba e depois ficamos sabendo que está grávida, e eu pensava que ainda fosse pura.

A moça começou a chorar. Pela primeira vez Simone sentiu vergonha de si mesma. Aproximou-se de sua mãe dando-lhe um beijo e um abraço, e saiu do local sem olhar para trás. André, que a esperava no portão, ao vê-la com as sacolas de roupas, tratou logo de ajudá-la. Ao ver a amiga chorando, decidiu não questioná-la, voltando para casa sem dar uma palavra.

Simone balançou a cabeça na tentativa de afastar aqueles pensamentos. Já estava quase na hora do almoço, o que a fez parar com a faxina para preparar a refeição. Não demorou muito para André chegar em casa, indo ao seu encontro e falando animadamente:

— O pessoal do colégio mandou-lhe lembranças. Alguns professores ficaram solidários com a sua situação e me pediram para lhe dizer que volte a estudar no próximo ano, pois todos querem vê-la formada.

— Que bom! Fico feliz por saber que estão se preocupando comigo, mas acho que não vou poder pensar em estudar tão cedo. E, depois, não tenho vontade nenhuma de dar sequência nos estudos.

— Não pense assim! Você é nova, tem uma vida inteira pela frente. O tempo passa rápido e as coisas vão se ajeitando.

— É, espero...

Simone calou-se. Estava irritada, pois já fazia mais de três dias que não consumia nenhum tipo de tóxico, o que a deixava nervosa ao extremo. André ao perceber o estado de espírito da amiga, questionou-a:

— Você está nervosa. Está sentindo falta da droga, não é?

— É, André. Eu não vou aguentar mais um dia sem usar pelo menos o cigarro.

— Mas você está grávida e a droga pode prejudicar o bebê. Além disso, não temos mais nenhum tipo de droga conosco, nem ninguém para nos fornecer.

— Deixe de ser careta, André. Aposto que essa história de que não se deve usar nenhum tipo de droga na gravidez é de sua mãe, é claro. Ela é enfermeira e para esses profissionais temos que ser caretas, tudo pra eles faz mal. Você já reparou? Se comemos carne, faz mal por causa do tal colesterol. Se não comemos, deixamos de consumir proteínas. Eles não sabem o que falam, só sabem proibir. Quanto a quem fornecer, isso nós arrumamos. Só precisamos ter dinheiro.

André ficou pensativo. Achava que Simone não deveria mais consumir nenhum tipo de droga, mas, se ela não estava querendo deixar seus vícios, não seria ele quem a recriminaria.

— Está bem! Dinheiro não é problema. Vamos almoçar e depois, já que você sabe quem vende, vamos comprar. Mas, já sabe, tenho que obter pouco e consumir logo, para, quando minha mãe chegar, não perceber nada de estranho na gente. Não quero nem imaginar o que ela faria com você se sonhasse que usa drogas, ainda mais nesse estado, nem comigo.

Simone sorriu e abraçou o amigo. Tratou logo de terminar de fazer o almoço. André foi trocar de roupa e, ao voltar à cozinha, encontrou a mesa posta. Ele e Simone almoçaram rapidamente e saíram.

Andaram alguns quarteirões e logo chegaram a um bairro que Simone conhecia bem. Em pouco tempo chegaram à entrada de uma favela. André, ao olhar o local, parou e questionou.

— Não me diga que vamos ter que entrar neste lugar?

Simone abriu um sorriso ao responder:

— E onde você acha que vamos encontrar o que queremos? No hospital onde sua mãe trabalha?

André deu mais uma olhada à sua volta. À sua frente um pequeno corredor cheio de casas feitas de madeira de um lado e de outro. O cheiro forte do esgoto que corria a céu aberto deixou-o enjoado, fazendo-o responder asperamente:

— Está certo! Vamos acabar logo com isso.

Os dois entraram no local. Simone andava pelos longos corredores que mais pareciam labirintos intermináveis até parar na porta de um barraco. Sentado na calçada estava um rapaz, que, ao vê-los, perguntou:

— O que estão querendo?

Foi Simone quem respondeu:

— Quero ver o Lobo Mau. Ele está?

— Vou chamá-lo — respondeu o rapaz com um sorriso amarelo no rosto, entrando em seguida no barraco.

André, ao se ver a sós com a amiga, perguntou:

— Você conhece esses caras?

— Claro! Eu já vim aqui com o Cacá e o Guto. São eles que fornecem para a turma de Bruno. Não se preocupe! Sei o que estou fazendo.

Simone mal terminou de falar e o rapaz apareceu na porta do barraco, questionando:

— O que você quer comigo?

— E aí, Lobo Mau! Não se lembra de mim? Sou a Simone, amiga do Cacá.

O jovem ficou pensativo e em seguida respondeu:

— Estou lembrando sim, mas e daí? O que quer?

Simone tirou algum dinheiro do bolso e entregou ao rapaz, dizendo:

— Quero duas balas. O resto dá de branquinha.

O rapaz entrou novamente no barraco, voltando em seguida com um pequeno pacote nas mãos. Olhou para os lados para se certificar de que não estava sendo observado por ninguém e entregou a ela, dizendo:

— Está aí o que você me pediu. Agora, se manda!

Simone pegou André pelo braço e os dois apertaram os passos, saindo do local sem olhar para trás. Quando saíram da favela, André comentou:

— Você é louca! Não sabia que conhecia a gente da malandragem. Será que todas as pessoas que moram neste local traficam?

— Não seja preconceituoso! A maioria dos moradores deste local são pessoas boas, honestas e trabalhadoras. São poucos os que usam este lugar para ganhar dinheiro com a venda de tóxicos.

Os dois caminharam em direção ao galpão e ficaram fumando a maconha. Não demorou muito e se esqueceram de seus problemas e se entregaram de corpo e alma para as drogas.

Caía a tarde quando Guto entrou na favela, andando descontraído. Ora cumprimentava um, ora outro morador que já o conhecia, agindo dessa maneira por toda as vielas por onde passava até parar em frente de um barraco. Tossiu ao bater na porta de madeira, que não demorou a ser aberta. Após se identificar, entrou no local, cumprimentando com seu aperto de mão os dois moradores, dizendo:

— E aí, Lobo Mau! Vim pegar minha encomenda. Está pronta? — perguntou Guto ao olhar para um deles.

Este, após abrir uma lata de mantimentos, tirou dois embrulhos e entregou a Guto, dizendo:

— Está aí, mas cuidado! Tem uma boa quantidade. Vê se não dá bandeira. Não quero que os tiras fiquem sabendo.

— Qual é, meu chapa? Não me conhece?

— Conheço, mas estou cismado. Agora há pouco aquela sua amiguinha esteve aqui com um boyzinho a tiracolo.

Guto sorriu ao perguntar:

— E você os serviu?

— Claro! Não foi você mesmo que os recomendou? Eu só os atendi porque você me pediu.

— Não se preocupe. Todas as vezes que eles vierem, abasteça-os como eu te disse. Eles fazem parte da nossa turma. São sangue bom. Gosto dos dois e não é porque eles não compram mais de mim que vou querer o mal deles, pelo contrário. Agora tenho que ir. Até mais!

Guto cumprimentou os dois e saiu, andando alegremente, pois estava feliz. Simone e André morderam a isca. Agora era só uma questão de tempo para colocar seu plano em prática. Acertara três coelhos com uma cajadada só. Daria um jeito de prejudicar não só Simone e André, mas Bruno também. Seu plano era perfeito e tudo estava correndo a seu favor. Com o trouxa do Bruno seguindo seus conselhos, tudo seria mais fácil.

Guto deu uma gargalhada a esses pensamentos. Logo ele teria o controle do grupo e tudo seria diferente. Começaria um império iniciando novos jovens no mundo das drogas, liderando um grupo que idolatrava mortos, e com isso ganharia muito dinheiro. O que ele não percebeu foi a presença de Celso e Cláudio, que liam todos os seus pensamentos.

Cláudio comentou:

— Esse garoto é capaz de qualquer coisa para ter poder.

— Guto é astuto, sabe o que quer. Bom para nós que logo teremos mais três escravos conosco.

— Disso eu sei, mas às vezes eu não o entendo. Por que não elegeu Guto no lugar de Bruno para ser o líder do grupo?

— É só pensar um pouco. Guto estava crente que seria o novo líder, pois sabe que tem grande potencial e espírito de liderança. Mas nosso foco estava voltado para quem? André e Bruno, que sempre foi submisso ao amigo. Para termos o controle sobre os dois, eu precisava fazer o quê? Cortar os laços de amizade que havia entre eles. Ao eleger Bruno, ele passou a sentir-se poderoso e o poder subiu-lhe à cabeça. André, que estava acostumado a mandar, não admitiu ter que obedecer a ele, desencadeando o que estamos vendo hoje, e nessa ganhamos, pois há muito queremos ver esses dois se odiando. Está chegando a hora do xeque-mate. Mal posso esperar para vê-los presos ao lado de Cacá, sofrendo amargamente.

— É! Devo admitir que você é muito esperto. Eu não armaria um plano tão perfeito assim.

Celso riu com prazer, e em seguida ambos volitaram juntos para as zonas umbralinas, onde mantinham seus trabalhos voltados para o mal no astral.

Os dias passaram rapidamente. Zélia encontrava-se triste e abatida, longe de demonstrar ser aquela mulher bonita e vaidosa de outrora. Cabelo desalinhado, na face suas olheiras denunciavam noites mal dormidas. Estava inquieta dentro de casa quando decidiu arrumar a garagem com o pretexto de ocupar sua mente.

Entrou no local e olhou à sua volta. Era ali que guardava todas as ferramentas e acessórios de seu marido. Bruno sempre cuidava daquele cômodo com zelo, mantendo tudo em ordem e em perfeito estado.

Ao ver as prateleiras praticamente vazias, chorou. Aquela era a prova concreta do que seu filho se transformara, um viciado em tóxico. Quase tudo o que havia ali se transformara em droga. Sem dinheiro, Bruno passou a vender tudo o que achava de valor naquele local. Era o retrato da vida no mundo cruel de quem se entrega ao vício.

Zélia não se conteve. Sentiu a raiva crescer em seu ser diante da impotência que sentia naquela situação. Voltou à sala, olhou o relógio de parede, já passava das dezesseis horas, e nada de seu filho aparecer. Já fazia mais de três dias que o rapaz estava na rua sem dar nenhuma notícia.

Pensou em comunicar à polícia, mas teve medo, pois não sabia o que Bruno estava aprontando. De repente a polícia poderia achá-lo fazendo algo de errado, levando-o preso, e isso ela não suportaria. Além de saber que seu filho se envolvera com o mundo das drogas, vê-lo preso seria demais para seu coração. O jeito seria esperar que ele aparecesse para poder se tranquilizar um pouco.

Foi à cozinha e preparou um chá. Voltou à sala com a xícara quente nas mãos. Já ia se sentar para tomar o líquido quando a campainha soou, fazendo-a atender de imediato. Era Ronaldo, que, ao vê-la, cumprimentou-a, dizendo:

— Olá, Zélia! Eu estava passando por aqui e resolvi parar para conversar um pouco.

Zélia ajeitou o cabelo discretamente. Sentiu vergonha de si naquele estado lastimável em que se encontrava, ainda mais em se tratando de Ronaldo, por quem nutria um grande carinho, mas procurou dissimular seu estado de espírito ao responder:

— Entre, Ronaldo! Que bom que se lembrou de mim.

— Não lembrei. Simplesmente não esqueço de você — respondeu Ronaldo, ao entrar na casa, sendo conduzido por Zélia até a sala.

Ao ver o sofá, sentou-se sem cerimônia, perguntando em seguida:

— Você está bem?

— Estou!... Quero dizer, estou ótima! — respondeu Zélia, um tanto desconcertada.

Percebendo que ela evitava olhar para seus olhos e o mal-estar que a pergunta lhe causara, Ronaldo comentou:

— Desculpe-me! Sei que não devo me intrometer em sua vida. Eu não quero ser indelicado, mas sinto que está mentindo para mim. Você não quer se abrir comigo?

Zélia levantou-se freneticamente. Estava carente, seu espírito pedia a presença de um amigo, alguém para expor seus problemas, dividir sua dor. Ao ver Ronaldo ali à sua frente tão interessado em ouvi-la e falando com sua voz suave, não se conteve e começou a chorar descompassadamente. Seu coração doía, apertando-lhe o peito. Após alguns minutos, disse:

— Faz três dias que não vejo Bruno. Não sei onde ele anda, parou de estudar e agora só anda em companhia de maus elementos. Há pouco fui à garagem onde guardava os objetos de valor do falecido e não tem quase nada lá. Meu filho está usando drogas, Ronaldo, e eu não sei o que fazer.

Zélia deixou-se cair na poltrona. Ronaldo aproximou-se, colocou suas mãos sobre as dela, ficando a acariciá-las por algum tempo. Quando a viu mais tranquila, falou docemente:

— Procure manter-se calma. Sei que está aflita, mas terá que resolver essa situação de cabeça fria. Deus sabe o que faz. Vamos colocar Bruno sob a proteção espiritual e procurar dar-lhe apoio e amor.

— Do que está falando, Ronaldo? Meu filho a essa hora está jogado em algum canto desta cidade, cheio de droga na cabeça, e você me pede para ter calma? E ainda vem com essa história de proteção espiritual? Bruno precisa ser internado em uma clínica para drogados e não de um pai de santo! — respondeu Zélia, nervosamente.

Ronaldo, não se deixando abater, comentou:

— De uma clínica, sim, mas de ajuda espiritual também. Sei que não acredita, mas me ouça. Bruno é um bom rapaz, mas tem uma predisposição para o tóxico e isso é mais comum do que se imagina. Muitas pessoas têm esses vícios enraizados na alma por já terem se viciado em outras vidas e tanto aqui quanto no astral há milhares de espíritos que se drogam a todo instante. Ninguém se vicia sozinho, tem sempre um desencarnado ao seu lado, instigando-o a usar, pois este absorve a droga ou o álcool fluidicamente. Para curar Bruno terá que fazê-lo enxergar, em primeiro lugar, que ele está em um caminho sem volta. Em segundo, deve pedir ajuda aos espíritos amigos para conscientizarem o desencarnado ou os desencarnados a pararem de consumir esses fluidos maléficos e mudarem suas atitudes. Na maioria das vezes, não tem só um se aproveitando da situação. Feito isso, você poderá cuidar da doença na matéria. Dessa forma ficará fácil curá-lo.

Ronaldo calou-se. Zélia meditou um pouco antes de comentar:

— Eu preciso acreditar no que você acaba de me falar, mas no momento não tenho condições mentais para analisar tudo isso.

— Eu sei... Bem, agora tenho que ir. Se você quiser conversar, sabe como me encontrar.

Ronaldo levantou-se e Zélia o levou até a porta, dando-lhe um leve beijo de despedida em seu rosto. Em seguida, voltou-se para a sala onde ficou a pensar em tudo o que ouvira de Ronaldo.

Cláudio caminhava rapidamente pelas zonas umbralinas. No local, vários espíritos andavam de um lado para o outro, muitos em grupos que conversavam sobre assuntos relacionados às drogas e ao sexo, sem se preocuparem com o tom de voz, pois estavam em um local onde nada era proibido, e, quanto mais surgiam espíritos voltados para as luxúrias, mais simpatizantes se juntavam aos grupos.

Olhou para o céu que naquela parte do Umbral se apresentava em um tom acinzentado durante o dia, mudando um pouco o tom no decorrer das horas, chegando ao negro geral, nunca com a presença do sol e seus tons revigorantes.

Em poucos instantes, adentrou uma casa construída por espíritos que habitavam o Umbral há séculos, por isso o lugar mais parecia um castelo medieval do que uma casa propriamente dita. Andou por um vasto corredor com portas dos dois lados, parou em uma e entrou.

Na sala havia três camas ocupadas por espíritos que serviam de cobaias para as mais mirabolantes experiências de Celso. Aproximou-se de um deles, um jovem com aspecto cadavérico. Seu perispírito já demonstrava algumas deformidades no cérebro, tinha olhos vermelhos que denunciavam estar sedento por drogas. Celso injetava drogas em sua veia. Ao ver Cláudio, questionou:

— O que houve?

— Estamos com problemas. Aquele estúpido do Ronaldo foi à procura de Zélia e lhe falou para pedir ajuda aos bons espíritos. Ela quase cedeu, mas tratei logo de ministrar-lhe energias desencorajadoras.

— Fez bem! E Bruno?

— Ele está com dois rapazes do grupo consumindo o pó e não voltou pra casa ainda.

— Ótimo! Quando ele chegar em casa, inspire Zélia a falar com ele e faça-o colocá-la em seu lugar.

— Pode deixar.

Cláudio deu uma olhada para aquele espírito. Celso, ao perceber sua curiosidade, comentou:

— Esse animal não consegue mais se levantar. Estou tendo que aplicar as energias da droga pela veia. Vou terminar logo meus estudos com ele e jogá-lo no lixo. Não me servirá mais para nada.

Cláudio sorriu e saiu, deixando Celso fazer suas experiências sossegado. Estava fazendo o caminho de volta quando um senhor vestindo roupas brancas e bem afeiçoado postou-se à sua frente. Ele logo percebeu que se tratava de um trabalhador do astral maior. Pensou em xingá-lo, mas desistiu, pois seria perigoso. Conhecia bem o trabalho desses espíritos e que poderia muito bem ser envolvido em suas energias, podendo ser levado a um centro espírita para ser doutrinado, e isso ele não queria. Decidiu ser agradável:

— Pois não? Posso ajudá-lo?

O homem esboçou um sorriso amigo, colocou a mão em seu ombro e olhou em seus olhos, dizendo:

— Se quiser me ajudar realmente, ajude-se primeiro. Celso está cada vez mais voltado para a ganância e o poder no mal. Não está se dando conta do quanto está equivocado em seus pensamentos e, quando se arrepender, terá muita coisa a acertar com sua própria consciência. Mas você não consegue discernir entre o certo e o errado, agindo errado por puro impulso. Volte-se para si e perceba que está na hora de rever suas atitudes e mudar sua forma de vida, para melhorar como ser humano, filho de Deus!

— Ora, não me faça rir! Deus há muito se esqueceu de mim. E, depois, quem lhe disse que quero mudar o meu jeito de viver?

— Você, embora não tenha percebido ainda, mas suas atitudes demonstram que quer mudar. E Deus não se esquece de seus filhos, são seus filhos que se esquecem Dele. Agora tenho que ir. Se precisar de mim, sabe o que fazer para falar comigo.

O espírito saiu da frente de Cláudio, que continuou andando. Ao se ver longe daquele local, pensou:

— Aposto que esse homem é do grupo de Guilherme. Preciso me cuidar. Eles estão de olho em mim.

E, com certo ar de preocupação, voltou à atmosfera terrestre, pois colocaria em prática o que Celso lhe pedira.

XIII

Caindo na armadilha

Três meses depois dos últimos acontecimentos, caía a noite na favela onde Lobo Mau tomava conta do tráfico, quando fogos de artifício foram estourados, o que significava a presença da polícia. Logo o corre-corre começou. As pessoas de bem que moravam no lugar tratavam de trancar suas casas e muitos se escondiam embaixo da cama com medo de tiroteio e de balas perdidas.

Os policiais caminhavam rapidamente pelos becos, com armas nas mãos, mas não houve resistência. Em pouco tempo, chegaram à porta do barraco onde Lobo Mau e seus comparsas passavam as drogas. Após alguns gritos e chamados não atendidos, os policiais arrombaram a porta e no lugar encontraram alguns pacotes de maconha e uma boa quantidade de cocaína, que foram apreendidos.

Procuraram ainda por toda a favela, mas não encontraram os donos das drogas, deixando o lugar ao raiar do dia.

Guto e Bruno saíam do cemitério onde passaram a noite usando drogas quando Lobo Mau e dois comparsas se aproximaram. Guto, ao vê-los, brincou:

— Ih, Lobo Mau! Aqui não tem nenhuma Chapeuzinho Vermelho.

Guto mal terminou de falar e o rapaz pulou em cima dele, pegando-o pelo colarinho e falando, nervoso:

— Eu não estou para brincadeiras. Foi você quem deu a letra para os tiras, não foi?

Guto tentou se libertar do traficante, mas foi em vão. Quanto mais tentava se livrar, mais Lobo Mau o apertava. Olhou para o lado, Bruno o estava olhando seriamente, então respondeu:

— Eu não sei do que você está falando, cara. Que letra foi essa?

— Não se faça de bobo. Os tiras abriram fogo na favela, foram direto para o meu mocó. Nós escapamos por sorte. Eu tenho vários motivos para acreditar que foi você ou alguém da sua turma que avisou os tiras.

— Eu não fiz nada. Solte-me, que eu conto quem foi o "cagueta".

Lobo Mau soltou Guto, que procurou se ajeitar e em seguida olhou para Bruno, que o fitava seriamente, voltando-se então para Lobo Mau, que, impaciente, perguntou:

— Como é? Vai falar ou terei que arrancar sua língua?

— Calma! Sem violência. Foi André, aquele boyzinho que foi lá no seu mocó com a Simone. Ele brigou comigo e me disse que eu ia me dar mal. Foi ele que te denunciou para você vir atrás de mim. Bruno pode confirmar, não é Bruno?!

Lobo Mau olhou para Bruno, que respondeu:

— É verdade!

Lobo Mau olhou à sua volta, o sangue fervia em suas veias. Após fazer um sinal com a cabeça para seus comparsas se afastarem, disse aos dois rapazes:

— Seus amiguinhos me colocaram numa fria. Vocês têm ideia do prejuízo que me foi causado? Pois eles vão me pagar. Vou me vingar pessoalmente.

Lobo Mau cuspiu no chão e saiu em seguida. Bruno, ao se ver a sós com Guto, comentou:

— Você viu o jeito com que esse cara saiu daqui? Ele falou em matar. Essa sua história de se vingar de André e Simone está indo longe demais. Eu só queria dar um susto neles.

— Lobo Mau está furioso. Eu não pensei que fossem estourar a "boca" e ainda pegassem o produto. Achei que, quando a polícia chegasse, eles conseguiriam limpar o barraco e sumir com as drogas, mas deu tudo errado. E agora não tenho mais nada a fazer.

— E você me diz isso na maior naturalidade?! Eles vão acabar com os dois!

— Ora, Bruno! Faça-me o favor! Já disse que não imaginava que eles iriam chegar a tanto. E agora não há mais nada a fazer. Você não poderá contar a Lobo Mau que fomos nós que o denunciamos, pois morreríamos. Se contar a André, com certeza ele avisaria a polícia e seríamos presos. E, depois, por que está preocupado? André e Simone são dois traidores.

Guto saiu, deixando Bruno sem saber o que fazer. Sua cabeça doía. O efeito da droga o fazia sentir-se tonto. Decidiu, então, ir pra casa. Na certa, Lobo Mau armaria um plano para acabar com os dois e isso levaria algumas horas, tempo suficiente para o efeito da droga passar, assim ele pensaria no que fazer.

Rapidamente chegou em casa. Sem olhar para Zélia, que lia uma revista com cara de poucos amigos, entrou em seu quarto, decidindo tomar um banho gelado. Foi ao banheiro, ligou o chuveiro e ficou longo tempo, deixando a água correr por sua cabeça. Quando desligou a ducha, sentiu-se melhor.

Trocou de roupas e foi à sala, onde Zélia, ao vê-lo de banho tomado, comentou:

— Até que enfim tomou um banho. Faz quatro dias que não o vejo de banho tomado e roupas limpas.

Bruno não respondeu, limitando-se a questioná-la:

— Tem café preto?

Zélia espantou-se com a pergunta, pois há tempos seu filho não se preocupava em tomar café. Levantou-se do sofá, dizendo:

— Não, mas vou passar um com pouco açúcar para você.

Zélia saiu da sala. Em poucos minutos voltou com duas xícaras de café. Ao ver o filho andando de um lado para o outro, ofereceu-lhe uma das xícaras, dizendo:

— Sente-se para tomar o café!

Bruno obedeceu. Seus olhos estavam perdidos em algum ponto do passado. Zélia, tentando compreender o estado de espírito do filho, sentou-se ao seu lado e carinhosamente passou a mão em seus cabelos.

Por segundos lembrou-se dele quando criança. Sentia seu coração se oprimir, pois não fora uma boa mãe nos últimos tempos. Estava se questionando quanto à forma de tratá-lo e educá-lo. Percebeu que não fizera seu melhor. Quando deu por si, o estava abraçando com toda a força de sua alma. Seu filho estava ali em seus braços, sem se esquivar.

Por segundos sentiu uma leve e agradável sensação de amor invadir-lhe o ser. Procurando não perder aquele momento, abraçou-o com mais força e beijou-lhe várias vezes a face.

Os dois ficaram assim calados por alguns minutos, quando Zélia quebrou o silêncio daquele momento mágico, perguntando carinhosamente:

— O que está acontecendo, Bruno? Eu posso te ajudar.

Bruno afastou-se um pouco, olhou nos olhos de sua mãe, respondendo:

— Estou com alguns problemas, só isso, mas não se preocupe.

Bruno calou-se. Sua voz estava embargada pelas lágrimas copiosas que corriam por sua face, não conseguindo segurar o choro doído que veio à tona. Zélia, procurando manter-se amorosa, olhava-o com ternura.

Quando se sentiu melhor, falou, tentando enxugar ainda algumas lágrimas que insistiam em cair:

— Eu sei que não estou sendo um bom filho para a senhora, mas quero que saiba que eu a amo muito. Perdoe-me?

Zélia abraçou-o novamente entre lágrimas, respondendo:

— Eu é que peço perdão. Nunca fui uma boa mãe para você.

Zélia calou-se. O momento a deixara fragilizada, só querendo abraçar e beijar o filho, o seu filho, que naquele momento parecia estar nascendo de novo para uma nova vida. Os dois ficaram assim por um longo tempo.

Quando se separaram, Bruno foi para seu quarto. Há dias não dormia, pois ficara usando drogas o tempo inteiro. Aproveitando então que a tarde estava começando, adormeceu, deixando Zélia com esperanças de conseguir fazê-lo ir de livre e espontânea vontade a uma clínica de desintoxicação.

Simone pensava em sua vida. Já estava indo para o sétimo mês da gravidez. A saudade de sua mãe e de seus imãos, mesclada a um pressentimento de algo ruim que estava prestes a acontecer, fez com que ficasse apática. Elza, que estava em casa, ao aproximar-se da moça sentada no sofá da sala com ar de poucos amigos, comentou:

— Você me parece deprimida. Sabe que em uma gravidez tumultuada como a sua é comum o estado depressivo. Você quer falar o que sente? Irá ajudá-la a superar essa fase.

Simone esboçou um sorriso tímido, respondendo com voz embargada:

— Não sei bem o que se passa comigo. Estou sentindo uma dor no peito, uma sensação de perda, não sei.

— Não é nada de mais. Ser mãe é uma dádiva e é comum, quando estamos grávidas, ficarmos vulneráveis. Há sentimento de perda porque achamos que teremos que ser supermães para proteger nossos filhos do mundo. Acho que esses pensamentos é que nos deixam fragilizadas. Agora vá para seu quarto, deite-se um pouco com os pés para o alto. Venha! Vou ajudá-la.

Elza acompanhou Simone até o quarto. Após acomodá-la confortavelmente na cama e colocar travesseiros embaixo de seus pés para deixá-la com as pernas para o alto, voltou à sala onde André, que acabava de sair do banho, se encontrava. Ao vê-lo, sentou-se ao seu lado. Após fazer-lhe um carinho em sua face, disse em tom baixo:

— Simone está triste. Ela me disse que está com maus pressentimentos. Eu procurei acalmá-la, dizendo que é da gravidez, mas confesso que também sinto algo negativo no ar. Parece que uma voz dentro de mim me diz para eu me preparar para algo ruim. Será que vai acontecer alguma coisa com Simone?

André riu prazerosamente ao responder:

— Qual é, mãe?! A senhora nunca foi de acreditar em premonição. Quem está colocando essas ideias de sexto sentido na sua cabeça? Aposto que é coisa da Meire.

— Não! Meire vive falando sobre essas coisas de sobrenatural. Sempre relata que foi a cartomantes, mães de santo e coisas do gênero, mas as atitudes dela fazem com que ninguém leve a sério suas teorias. Na verdade, quem estava me falando sobre espiritualidade é o doutor Oswaldo. Nesse eu confio. Sua integridade faz com que eu pelo menos pense no assunto. E acredite! Muita coisa que ele fala tem sentido.

— E o que ele disse? Vai acontecer alguma coisa ruim?

— Não falei com ele sobre esses assuntos ainda, mas o doutor Oswaldo sempre me diz que a espiritualidade está querendo que eu aprenda a ter uma visão diferente da vida, mudando minhas atitudes.

André balançou a cabeça negativamente. Elza, ao perceber que falar sobre esses assuntos com o filho seria perda de tempo, procurou mudar o rumo da conversa, o que foi aceito com entusiasmo por André.

Bruno acordou sobressaltado. Dormira a tarde toda. Lembrou-se de André e Simone e do que poderia acontecer com eles. A esse pensamento, levantou, procurando não fazer barulho para não acordar a mãe, que, pelo tardar das horas, já devia estar dormindo.

Precisava pensar. Tinha que arrumar um jeito de livrar a cara de André e Simone daquela situação, sem levantar suspeitas. Pensou em falar com os dois, mas desistiu. Conhecia bem André e com toda certeza ele ia querer tomar conta da situação e fazer o óbvio, avisar a polícia, e isso Bruno não queria, pois estava encrencado até o pescoço.

— Não! Avisar a polícia, não. Preso eu não serei — afirmou a si mesmo.

Por segundos, lembrou-se de Simone e dos momentos íntimos que passaram juntos, o filho que ela estava esperando poderia muito bem ser dele.

Uma súbita vontade de consumir drogas começou a invadir seu ser. Logo o desejo se misturou à ansiedade, fazendo-o pensar fortemente em cheirar o pó. Começava naquele instante uma grande batalha. Ora Bruno pensava em ceder, ora lembrava-se de que não poderia se deixar levar pela vontade, pois precisava estar completamente consciente. Pensou em sair, mas recuou, andando de um lado para o outro do quarto a noite inteira.

O dia mal amanheceu e ele pôde ver de sua janela Elza saindo para trabalhar. Ao observar melhor a rua, viu um dos comparsas do traficante de olho na casa de André. Ao vê-lo, teve uma ideia. Iria resolver a situação de uma vez por todas. Saiu do quarto vagarosamente para não acordar Zélia e começou a pôr seu plano em prática.

André acordou deprimido. O sábado estava ensolarado, mas ele não percebeu que o sol brilhava trazendo alegria pelas frestas da janela de seu quarto ainda fechado.

Foi à sala. Simone estava com uma vassoura na mão, varrendo vagarosamente o chão. Ele, ao vê-la, foi logo dizendo:

— Acordei com uma vontade louca de consumir drogas.

— Eu também estou assim. Já faz dias que não usamos nada. E, você sabe, a falta nos faz sentir deprimidos. Quero ver quando esta criança nascer e eu estiver de dieta.

— Não se preocupe com isso. O tempo passa rápido e logo poderá voltar à sua vida normal. Mas que tal irmos ao galpão? Ainda tenho um cigarro.

Simone pensou em não ir. A cada dia que passava estava mais difícil andar. O peso da barriga parecia se multiplicar a cada dia, mas decidiu aceitar o convite, dizendo:

— Vou com você, mas terá que ter paciência. Estou andando devagar.

— Sem problemas. Eu só vou me trocar e a gente pode ir.

A moça concordou com a cabeça e André foi se arrumar. Seu coração estava apertado. Algo lhe dizia em seu íntimo para não sair de casa, mas não deu importância a seus pensamentos, saindo com Simone do mesmo jeito. Sem se dar conta de que estavam sendo seguidos, foram andando vagarosamente pelas ruas do bairro até chegarem ao local.

O dia começou tumultuado para Elza em seu trabalho. No corredor do hospital, dezenas de pacientes esperavam para serem atendidos. Elza andava de um lado para o outro, trabalhando a finco para ajudar as pessoas que por ela procuravam para serem medicadas.

Meire, que também estava trabalhando, ao ver o movimento de pessoas pelos corredores diminuindo, aproximou-se de Elza, dizendo:

— Hoje é dia! Não parei um minuto.

— Não reclame! Pelo menos não sobra tempo para conversas inúteis. Estamos fazendo nossa parte.

— Por falar em fazer nossa parte, o doutor Oswaldo perguntou por você há pouco. Ele está sentindo sua falta para assessorá-lo na emergência.

— Eu não estou escalada para a sala dele hoje. É uma pena, pois adoro trabalhar ao lado dele. O doutor Oswaldo é amigo, um ser humano maravilhoso.

— Hum! Sabe que ele fala o mesmo a seu respeito? Bem, agora que não está mais com Francisco, ele pode ser um excelente pretendente.

— Deixe de bobagens, Meire! Que horror! Você não pensa em outra coisa — respondeu Elza.

Percebendo uma certa irritação na voz da amiga, o que fez com que confirmasse suas suspeitas, Meire falou:

— Você está gostando dele, agora tenho certeza. O que é que há, Elza? Você está sozinha. Qual é o problema?

— O problema é que não sou mulher de ficar namorando ora um, ora outro. Não sou leviana. E, depois, Francisco trabalha neste hospital também, esqueceu?

— Não, não esqueci, mas, pelo que fiquei sabendo, não será por muito tempo. Francisco anda bebendo muito durante esses dias, seus superiores o pegaram com bebida alcoólica na hora do trabalho e ele foi mandado embora. Está cumprindo aviso prévio e em mais uma semana ele não estará mais aqui.

— Quê?!

Elza procurou uma cadeira para se sentar. Gostava de Francisco, mas, desde que terminaram seu relacionamento, evitava vê-lo e ter notícias suas, mesmo trabalhando no mesmo local, ficando surda para os assuntos que lhe diziam respeito.

Meire, ao ver a amiga perturbada, comentou:

— Você não quis saber nada a respeito de Francisco nos últimos tempos, por isso não lhe falei antes, mas não pensei que você se perturbaria tanto.

Elza levantou-se, passou as mãos pela calça branca e voltou-se para Meire, respondendo:

— Bem! Cada um sabe o que é melhor para si. Agora vou ver se há algum paciente para ser medicado. Vamos trabalhar!

Elza saiu da sala, deixando Meire perdida em seus pensamentos, enquanto descansava um pouco.

André entrou no galpão abandonado e, certificando-se de que o local estava vazio, acendeu o cigarro. Simone, que entrou no local logo depois, ao sentir o cheiro forte da erva queimando, aproximou-se dizendo:

— Esse cheiro está me deixando enjoada, mas me deixe dar um "pega".

André passou o cigarro para a amiga, que, após colocá-lo na boca, devolveu a ele dizendo:

— Eu vou ficar só neste trago. Não sei por quê, mas não está me caindo bem. Vou tomar um pouco de ar lá fora.

André respondeu com um sorriso. Simone foi para os fundos do galpão, onde podia avistar André e respirar ar puro, uma vez que o local era aberto. Estava se recuperando do enjoo quando uma discussão dentro do galpão chamou sua atenção. Pensou em entrar no local, mas decidiu ficar ali escondida e ouvir o que se passava lá dentro:

— Cadê a mina que entrou aqui com você?

— Ela foi embora, não estava se sentindo bem. Agora me fala o que você quer, vai!

Simone respirou fundo. Tentou reconhecer o rapaz que estava à sua procura, mas de onde estava não podia ver direito. Sentiu um frio na espinha. Nem percebeu quando alguém a pegou pelos braços, levando-a para fora do galpão.

André discutia com o rapaz, que o acusava de traição, quando Bruno entrou no lugar. André, ao vê-lo, questionou:

— Não me diga que você está por trás desta história?

Bruno olhou para o rapaz, que sacou uma arma e apontou para sua cabeça, dizendo:

— Eu não sei o que veio fazer aqui, mas, já que veio, você vai participar da festinha também.

Bruno foi para o lado de André. Em poucos minutos, Lobo Mau e mais um de seus comparsas entraram no local. André, que até então estava sem entender nada do que se passava, perguntou a Bruno em tom baixo:

— O que esses caras querem, Bruno?

— Acerto de contas. Eles acham que você e Simone os denunciaram para a polícia. Eles chamam isso de X9, que no linguajar da favela é cagueta. Agora eles acham que vocês devem morrer. Mas fique calmo. Quando eu gritar, você abaixa.

André, nervoso, sem saber o que o amigo estava planejando, assentiu com a cabeça. Foi quando Lobo Mau aproximou-se, dizendo:

— Eu vou acabar logo com vocês dois, para aprenderem que não devem se meter com a gente. Nós não aceitamos caguetagem.

Lobo Mau sacou a arma, engatilhou e mirou na cabeça de André, dizendo:

— Pode rezar, meu irmão! Chegou a sua hora.

André fechou os olhos. Seu sangue gelou. Por segundos sentiu a morte se aproximar, pensou em sua mãe e em sua vida que estava nas mãos de um traficante, que a qualquer momento poderia atirar sem dó nem piedade.

Bruno, que estava do lado, acuado pelo comparsa de Lobo Mau, a um descuido do olhar do rapaz, que estava querendo ver André ser baleado, colocou a mão na cintura por dentro da calça e tirou uma arma e atirou no rapaz, enquanto gritava para André:

— Foge, André! Corre!

André, sem pensar, saiu correndo. O tiroteio entre eles foi ensurdecedor. Logo ouviram a sirene da polícia, que chegou ao local rapidamente.

Em poucos minutos, o barulho cessou. André, vendo que os policiais tinham dominado a situação, se aproximou correndo. Um dos policiais o viu, pegando sua arma e apontando o revólver para André, disse:

— Mãos na cabeça!

André obedeceu ao policial que foi ao seu encontro. Após revistá-lo, algemou-o dizendo:

— Você está preso!

André não esboçou resistência. Ele foi conduzido para dentro do galpão, onde Lobo Mau e seus comparsas estavam caídos. Olhou para Bruno que ainda respirava com dificuldade, pois fora atingido pelos bandidos e pela polícia, que chegou abrindo fogo em todos. Foi ao seu encontro e Bruno, ao vê-lo, disse, quase sem voz:

— Conte aos tiras tudo o que aconteceu. Eu estou morrendo mesmo.

Uma lágrima saiu dos olhos de Bruno. Por segundos, toda sua vida passou em sua mente, e na maioria das vezes André estava nela. Lembrou-se da amizade verdadeira de outrora que, mesmo naquele momento, encheu seu coração de alegria.

André olhava o amigo, sem saber o que fazer. Pôde ouvir Bruno lhe pedindo com dificuldade:

— Cuide da minha mãe! Diga que eu a amo e que me perdoe!

— Não falarei nada. Você vai ficar bem.

— Não... Não vou!

Bruno fechou os olhos para esta existência sem perceber que sombras escuras o envolviam e trabalhavam para retirar os restos dos fluidos vitais de seu corpo carnal. Assim que terminaram, levaram-no dali direto para as zonas umbralinas, onde Celso o esperava com ansiedade.

O carro da polícia corria pelas ruas da cidade. A sirene ligada abria caminho pelo trânsito da região, indo em direção ao hospital. Simone estava em trabalho de parto. Sua respiração ofegante fazia com que o policial que dirigia o veículo corresse mais ainda, preocupado com o estado da moça, que ora chorava descompassadamente, ora gritava de dor.

Em poucos minutos, chegaram à porta do hospital. O policial abriu a porta e logo Elza e Meire, que estavam na emergência, foram ao encontro da viatura onde Simone já estava sendo conduzida à maca.

Simone, ao ver sua benfeitora, foi dizendo com lágrimas nos olhos:

— Bruno morreu e André está preso!

Ao dizer essas palavras, desmaiou, deixando Elza aflita, sem saber o que fazer. Meire, ao ver a amiga em pânico, comentou, já conduzindo a maca para a emergência:

— Deixe-a comigo. Pergunte aos policiais o que aconteceu.

Elza obedeceu de pronto. Meio atordoada, procurou pelo policial, questionando:

— O que aconteceu? Essa moça que vocês trouxeram mora em minha casa.

O rapaz mediu-a de cima a baixo antes de lhe responder:

— Bem! Pelo que sei, foi ela quem ligou para nossa central e nos informou de um acerto de contas entre marginais.

Elza empalideceu. Parecia não acreditar no que estava ouvindo, mas procurou se conter, perguntando:

— Ela disse que meu filho foi preso. Seu nome é André. Falou também que o amigo dele, Bruno, morreu. Isso não é verdade!

— Sinto muito, senhora, mas um rapaz foi preso e seu nome é André mesmo. Não sei se estamos falando da mesma pessoa, mas, se for, a senhora pode se dirigir ao distrito aqui do bairro. Lá a senhora terá a informação que precisa. Agora, se me der licença, tenho que ir.

O policial saiu, deixando Elza paralisada, sem saber o que fazer.

XIV

O NASCIMENTO RENOVA

A noite ia em alta quando o caixão com o corpo carnal de Bruno chegou ao velório. Zélia, ao ver Ronaldo, que cuidara dos procedimentos para o sepultamento do rapaz, entrar no salão, foi ao seu encontro, dando-lhe um forte abraço, na tentativa inútil de se sentir melhor.

Em poucos minutos, a tampa da urna fora aberta. Ela ainda não havia visto o corpo do filho. Naquele momento sentiu a dor do desespero apossar-se de seu ser. Bruno, seu único filho, já não fazia mais parte do mundo material. Seu coração de mãe fora despedaçado. Por segundos, desejou estar ali em seu lugar. Em um gesto de fúria, debruçou-se sobre o caixão, gritando:

— Por quê? Eu queria estar em seu lugar! Era para eu estar aí e não você! Essa é a lei natural da vida!

Ronaldo, ao ver o estado de Zélia, aproximou-se e, procurando acalmá-la, respondeu:

— Não fique assim. Deus sabe o que faz. Acalme-se, venha.

Ronaldo passou as mãos pelos ombros dela e a fez sentar-se, tranquilizando-a com seu carinho, mas nada que ele falasse diminuiria sua dor de mãe.

A noite foi passando vagarosamente. Poucos foram os amigos de Bruno que tiveram coragem de ir ao local.

Elza chegou ao velório ao raiar do dia, pois passara a noite na delegacia, tentando tirar André da prisão especial em que ele ficara, pelo fato de ser menor de idade. Não conseguiu, precisava da autorização do juizado de menores, que só avaliaria o caso no final da tarde.

Aproximou-se do caixão, olhou por alguns minutos a fisionomia de Bruno, pensou em André e em tudo o que ele lhe contara, desde o envolvimento com o grupo de Cacá até a empreitada corajosa de Bruno, que acabou morrendo para protegê-lo. Não conseguiu conter a emoção, pondo-se a chorar.

Zélia a olhava calada. Por segundos teve ímpetos de se aproximar da vizinha e dizer-lhe o que vinha à mente, acusar André do que aconteceu a seu filho, mas desistiu.

Nada que falasse ou fizesse traria seu filho de volta. E, depois, como acusar o rapaz se ela estava se sentindo culpada? Errara na educação do filho, não soubera lidar com ele na sua infância e muito menos na adolescência.

Ronaldo assistia à cena calado. O momento era de dor e sofrimento. Ele sabia muito bem o que aquela mulher estava pensando e sentindo. Decidido a ajudar, esperou Elza se afastar do caixão e sair da sala, indo ao seu encontro, dizendo:

— Você tem que ser forte. Eu soube que André ainda está preso. Sou advogado e quero ajudá-la.

Elza olhou-o de cima a baixo. Nunca falara com ele, não o conhecia direito, mas seu tom de voz amigo mostrava sinceridade em suas palavras. Após meditar alguns minutos, respondeu:

— Obrigada! Eu estou muito chocada com tudo o que está acontecendo. Passei a noite inteira na delegacia, mas ninguém me garantiu nada.

Elza pôs-se a chorar. Ronaldo tirou um lenço do bolso e ofereceu a ela, dizendo:

— Daqui a pouco sai o enterro de Bruno. Vamos fazer assim: quando sairmos daqui, vou levar Zélia em casa e em seguida vamos à delegacia, tudo bem?

Elza respondeu com a cabeça. Ronaldo deixou-a para ficar ao lado de Zélia. Uma hora depois, o corpo de Bruno já se encontrava embaixo da terra, ao lado de outros jovens que, como ele, destruíram suas vidas por causa das drogas e na marginalidade, somando-se a um número na triste estatística de jovens mortos pelo tráfico de drogas.

Ronaldo e Elza chegaram à delegacia no começo da tarde. Ronaldo, após se apresentar ao delegado como advogado de André, se inteirou do caso e obteve autorização para falar a sós com ele. Em poucos minutos chegou à cela onde o rapaz se encontrava. André, ao vê-lo, questionou:

— Doutor Ronaldo! O que o senhor está fazendo aqui?

Ronaldo esboçou um sorriso, respondendo automaticamente:

— Ora, meu rapaz! O óbvio, trabalhando. Vou defender você neste caso.

André abaixou a cabeça, sem graça. Nunca pensara em passar por essa situação. E mais, nunca imaginara que Ronaldo o defenderia. Lembrou-se de Bruno chamando-o de "doutor Sabe Tudo". Lágrimas desciam pela sua face.

Ronaldo, procurando manter-se calmo, comentou:

— Bem! Eu, como seu advogado, quero ouvir de você tudo o que aconteceu. No momento, é o único que pode falar, pois Bruno desencarnou e Simone acabou de dar à luz um menino, e não está em condições de falar sobre o assunto, portanto, sou todo ouvidos.

André pensou um pouco e em seguida respondeu:

— Engraçada a vida. O filho de Bruno nasceu no dia em que o pai se foi.

— A vida tem razões que a própria razão desconhece, meu amiguinho, e é por isso que estou aqui. Sei o quanto é inteligente e capaz de sair do buraco em que se enfiou. Eu estou aqui para ajudá-lo.

André abriu um sorriso tímido diante dos procedimentos de Ronaldo, sentindo nele um amigo, e pôs-se a falar tudo o que acontecera, sem omitir nenhum detalhe. Quando terminou, sentiu-se mais calmo.

Ronaldo, após refletir sobre a história que o rapaz acabara de contar, comentou:

— Você arrumou encrenca para a sua cabeça, meu rapaz. Quero que perceba que por meio de atitudes aparentemente inofensivas você atraiu inúmeras confusões para sua vida e terá que arcar com a responsabilidade diante da lei, tanto a dos homens quanto a de Deus. Pela lei dos homens, você terá que provar sua inocência. Não vai ser difícil, pois, se você não estava armado e não atirou em ninguém, a perícia técnica irá comprovar essa situação.

Quanto à justiça de Deus, não posso dizer o mesmo. Você errou e tem que responder pelos seus erros. Não que Deus vá castigá-lo, não é isso, mas suas atitudes terão que mudar. Assim estará de bem com a vida e com as leis cármicas que regem o Universo.

Mas vamos deixar esse assunto para depois. Eu vou sair agora e pedir para o juiz o soltar. Uma vez que você é menor de idade, não teve passagem na polícia e tem endereço fixo, vai ser fácil o juiz autorizar sua liberdade.

Ronaldo apertou a mão do rapaz e saiu, indo cuidar de todos os procedimentos necessários para a liberdade de André, que só foi conseguida no dia seguinte.

André entrou em casa cabisbaixo ao lado de Ronaldo, que nos últimos dias estava se tornando seu anjo da guarda. Elza, que estava acabando de preparar o quarto de Simone e do bebê, ao ouvir o barulho da porta, correu para abraçar o filho. Os dois ficaram abraçados por alguns instantes. Quando se separaram, Elza fez com que ele e Ronaldo se sentassem e, em seguida, comentou, olhando fixamente para os olhos de André:

— Fico feliz por vê-lo em casa, André, mas não posso fingir que não aconteceu nada. Você errou e muito. Eu estava conversando com Ronaldo. Ele e o doutor Oswaldo, o médico com quem trabalho, são amigos e fiquei sabendo que há clínicas ótimas para desintoxicação da droga. O doutor Oswaldo me indicou uma no interior do estado.

Ele conhece os responsáveis pelo local. É uma casa espírita e eles dão às pessoas que lá vão se tratar atendimento clínico e espiritual. Eu pensei que será bom para você passar alguns meses lá, se tratando. O que acha?

André levantou-se. Não pensava na possibilidade de ficar longe de sua casa, mas, após pensar um pouco, respondeu:

— Eu pensei muito no que fiz enquanto fiquei preso e sei que agi mal, mas também não posso negar que sinto vontade de usar drogas. A senhora está certa. Talvez eu ir para uma clínica seja a melhor saída, mas não sei se vou me adaptar a um lugar onde se fala com os mortos. Eu não quero mexer com essas coisas. Já basta a turma do Celso.

Ronaldo riu da expressão do rapaz. Foi ele quem respondeu:

— Veja bem! Em primeiro lugar, na clínica em que queremos te levar não há adoração aos mortos como vocês faziam no cemitério. Pelo contrário, vocês, André, foram vítimas de uma organização de espíritos voltados para o mal.

Hoje, no astral, esses espíritos fazem experiências tanto com os encarnados quanto nos desencarnados, agindo por pura ignorância, na ganância do poder, usando os pontos fracos das pessoas, e no seu caso, a tendência ao tóxico.

Nessa clínica você terá exatamente o contrário. Lá você aprenderá a lidar com as energias cósmicas e a trabalhar com os bons espíritos. Tenho certeza de que vai gostar. E depois, você não será obrigado a frequentar as sessões espíritas se não quiser. Ninguém vai obrigá-lo, entendeu?

— Entendi! Ouvindo você falar, parece de fato ser um bom lugar.

— Pode apostar que sim.

— Ronaldo, você acredita em espiritismo? Será que Bruno continua mesmo vivo em um outro lugar?

— Com certeza, mas não se preocupe com isso. Quando pensar em Bruno, diga mentalmente a ele para procurar viver bem no astral e faça uma oração pedindo a Deus que lhe dê luz necessária para distinguir entre o certo e o errado. Isso lhe fará bem.

— Por quê? Ele não está bem? — perguntou André, com os olhos arregalados.

Ronaldo suspirou profundamente. Olhou para Elza, que demonstrou interesse na conversa, respondendo:

— É como eu lhe disse, André. Cada ser humano é único. Deus nos dá o livre arbítrio, ou seja, o direito de escolher o que realmente queremos para nós, e somos plenamente responsáveis por essas escolhas.

Bruno se deixou levar por espíritos trevosos e agiu de forma errada, prejudicando outras pessoas, pois ele comandava o grupo que ia com ele ao cemitério. Prejudicou a si próprio, pois a droga, além de prejudicar a matéria, também prejudica o perispírito, que é nada mais nada menos que nosso corpo astral, causando diversas deformidades nesse corpo fluídico.

Bruno infelizmente desencarnou totalmente voltado para o tóxico e na marginalidade. Eu vi alguns espíritos trevosos em volta de seu caixão, tirando os restos de fluidos vitais que ainda haviam no corpo material. Tudo indica que ele esteja em poder desses espíritos no plano astral.

— Espere aí! Você está me dizendo que ele vai continuar com esses espíritos? Mas isso não tem lógica. Se Deus é amor, porque ele não coloca a alma de Bruno em um bom lugar? — perguntou Elza, pasma com o que acabara de ouvir.

— Como você mesma disse, Deus é só amor e quer nosso bem. Somos nós que, pelo nosso livre arbítrio, atraímos tristezas e sofrimento. Bruno terá que aprender a lidar com seus vícios e defeitos. Ele só vai conseguir se curar por meio do sofrimento. Não se esqueça que Deus lhe deu oportunidades de aprender pelo amor, mas ele escolheu a dor, e só a dor irá fazê-lo mudar de atitude.

— Eu que pensava que isso era tudo bobagem.

— Você está na adolescência, André, e, como a maioria dos jovens na sua idade, só pensa no agora, em curtir a vida, como vocês mesmos dizem. Esquece-se de que para cada ação há uma reação, que tudo o que você fizer agora irá ficar marcado para o resto de sua vida. Agora tenho que ir. Vocês precisam conversar a sós e eu vou ver se Zélia está precisando de alguma coisa.

André mais uma vez ficou cabisbaixo. A conversa agradável de Ronaldo o fez esquecer por segundos tudo o que ocorrera. Ao ouvir o nome de Zélia, lembrou-se do que Bruno lhe dissera momentos antes de morrer. Olhou para Ronaldo e para sua mãe que o fitavam calados, pensou em lhes falar algo, mas não conseguiu e saiu correndo para seu quarto. Ronaldo, ao se ver a sós com Elza, comentou:

— André passou por momentos difíceis. Ele e Bruno eram amigos. Deixe-o sozinho. A solidão fará bem para ele nesse momento.

— Eu sei. Ele precisa refletir e muito em tudo o que fez. Graças a Deus consegui férias no hospital, assim posso ficar com ele e cuidar de Simone, que está para ter alta com o bebê.

— Deus vai lhe dar forças. E, você sabe, se precisar de algo, é só me chamar.

Ronaldo estendeu a mão para ela, que o cumprimentou:

— Obrigada, Ronaldo! Eu não sei nem como lhe pagar pelo que está fazendo por nós.

— Deixe que minha consciência me pague quando eu for me deitar e pensar que tudo está se resolvendo. Fico feliz em ajudar e isso é o maior pagamento que eu poderia receber. Até amanhã!

Elza abriu a porta para Ronaldo, que calmamente atravessou a rua. Em seguida, trancou a porta, ficando só com André, pensando em como resolver aquela situação, ficando assim pelo resto da tarde.

Simone acordou em sobressalto. Sonhara com Bruno morto no chão daquele galpão. Olhou para os lados, estava no leito do hospital, dividindo o quarto com mais duas mulheres que, como ela, haviam dado à luz um filho e estavam se recuperando do pós-parto. Pensou em levantar-se, mas sentiu a barriga doer por causa dos pontos que levara após a cesariana, que fora feita às pressas. Simone fora levada desacordada para a sala de parto e os médicos precisaram ser rápidos para salvar as duas vidas, mãe e filho.

Por segundos lembrou-se de tudo o que acontecera. Bruno morto na troca de tiros com os traficantes e a polícia. Pensou em sua mãe. Na certa ela não sabia de nada, pois Elza não possuía o endereço de seus pais, e, pelo que ela lhe falara na visita, André estava saindo da cadeia.

— Meu Deus, e agora? — disse a si mesma, ao colocar as ideias em ordem.

Elza provavelmente já estava sabendo de seu envolvimento com as drogas e, apesar de tê-la tratado com carinho ao visitá-la, com certeza não a aceitaria mais em sua casa.

A esses pensamentos, pôs-se a chorar. Em poucos minutos Meire, que estava de plantão e havia prometido a Elza que cuidaria da garota, ao passar pelo corredor, ouviu o choro e entrou na sala. Ao vê-la em prantos, aproximou-se, dizendo:

— O que houve, Simone? Está sentindo alguma coisa? Quer que eu chame o médico de plantão?

Simone parou de chorar ao ser questionada, respondendo em tom melancólico:

— Não precisa. Estou bem. É que sonhei com Bruno e acordei assustada, e não sei o que vou fazer da minha vida daqui pra frente. Amanhã vou ter alta e não tenho para onde ir.

— Como assim? Você vai para a casa de Elza. Não é lá que você está morando?

— Era, mas agora acho que Dona Elza não vai mais querer que eu volte pra lá — respondeu Simone, enxugando ainda algumas lágrimas que insistiam em cair.

Meire, ao perceber o drama íntimo da moça, contemporizou:

— Isso é o que você pensa. Elza é minha amiga há anos, eu a conheço muito bem. Sei que ela seria incapaz de deixá-la na rua num momento desses. Tire esses pensamentos de sua cabeça e procure pensar em dias melhores. Você agora é mãe e tem um lindo filho para criar. Desculpe ter que lhe falar isso, mas você deve levantar as mãos para os céus e agradecer a Deus pelo seu filho ter nascido sem nenhum problema de saúde. A propósito, já tem um nome pra ele?

Simone abriu um sorriso ao responder:

— Vai se chamar Bruno, como o pai. Só não com o mesmo sobrenome, pois Dona Zélia não vai reconhecê-lo como neto.

— Não pense assim. Com o tempo tudo se acerta e depois, deixe a criança crescer um pouquinho e Zélia ver que ele se parece com o pai. Tudo mudará, você verá. Agora tenho que cuidar de outros pacientes. Imagine que na ala ao lado tem uma moça que não bate bem da cabeça, coitada. Ela passa a noite inteira cantando pelos corredores, dá um trabalho danado pra gente. Até mais!

Simone riu prazerosamente com o jeito de Meire, que, com sua forma minuciosa de comentar sobre o que acontece no hospital, se tornava engraçada. Ao se ver a sós novamente, estava mais tranquila. Fechou os olhos e procurou conciliar o sono. Precisava descansar, pois teria um longo e difícil dia pela frente.

Acordou de manhã com Meire ao seu lado pronta para lhe dar uma medicação. A manhã passou tranquilamente. No começo da tarde, Elza e André foram visitá-la. Ao vê-los, Simone esboçou um sorriso. André deu um beijo em sua face. Elza, após os cumprimentos, deixou-os a sós a pretexto de ir ter com as amigas. André, ao se ver a sós com Simone, comentou:

— Eu fui ver seu filho. Ele está na encubadora, mas deu pra ver que é lindo. Parece com o pai.

— É. Meu Bruninho é muito bonitinho. Vai arrebentar corações.

Simone calou-se. André, ao vê-la pensativa, comentou:

— Sei que está sofrendo com tudo o que aconteceu, eu também estou sem chão. Nesses dias que fiquei preso, pensei bastante nas besteiras que fiz. Acho que chegou a hora de crescermos realmente, e o primeiro passo para isso é assumirmos que agimos de forma errada e lutar para superarmos nossas fraquezas. E nós vamos conseguir. Eu vou hoje para uma clínica que trata dependentes químicos. Quem sabe lá eu consiga superar minha fraqueza pelas drogas.

— Você vai conseguir, eu tenho certeza.

— E você também, embora não possa se internar para tratamento, por causa do bebê. Minha mãe disse que vai com você a essas reuniões semanais tipo os A.A. Vai ser legal, você vai ver. Eu vi na TV esses dias, você chega e fala: "Oi, meu nome é Simone!" e todos respondem: "Oi, Simone!" e só a partir daí você faz seu depoimento e escuta os dos outros, gente que passou pelo que você está passando, e vai aprendendo com eles.

— Estou aqui imaginando como será. Eu também pensei bastante em tudo o que aconteceu. Eu agora sou mãe, não posso dar mau exemplo ao meu filho, que só tem a mim.

— É isso aí! É assim que se fala!

André parou de falar, andou pelo quarto inquieto. Simone, ao perceber a aflição do amigo, perguntou:

— O que houve, André? Você quer me dizer algo, eu sei. Pode falar, estou preparada para tudo.

André parou novamente em frente à cama de Simone. Ele começaria uma nova vida e precisava saber de tudo. Pensou em poupar Simone das lembranças do galpão, mas decidiu perguntar:

— Sabe o que é? Você sabe que fui solto por falta de provas contra mim. Eles não acharam nenhuma droga em meu poder e também não havia resíduos de pólvora nas minhas mãos, prova de que eu não atirei em ninguém. Ainda não saiu o resultado das impressões digitais das armas, mas, quanto a isso, estou limpo também, pois não peguei nenhum revólver, sem falar no doutor Ronaldo, que é um excelente advogado. Mas você terá que depor assim que passar o resguardo. Eu... eu gostaria de saber como você saiu do galpão e chamou a polícia.

Simone respirou fundo. Já imaginava aquela pergunta e, por mais que se sentisse preparada para respondê-la, seu coração apertava ao se lembrar dos fatos. Procurando tomar coragem, começou a falar com a voz embargada:

— Você lembra que me senti enjoada e resolvi ir para os fundos do galpão, não lembra?

André assentiu com a cabeça, o que a fez continuar sua narrativa:

— Pois bem! Eu vi quando um dos comparsas de Lobo Mau entrou no galpão e pude ouvi-los discutir. Eu ouvi meu nome, o que me deixou temerosa. Pensei em me aproximar, mas, sem que eu percebesse, Bruno chegou por trás de mim e me puxou pelos braços. De onde estávamos dava para sair do galpão sem sermos notados.

Bruno se encarregou de me levar até um ponto seguro, longe das vistas de todos. Eu o questionei sobre o que estava acontecendo e ele me disse que Guto havia denunciado Lobo Mau à polícia.

Eles não pensavam que os traficantes iam deixar os tiras estourarem a boca, mas foi o que aconteceu, então Lobo Mau foi enfurecido tirar satisfações com ele e Guto, que mentiu para eles dizendo que fomos nós que o denunciamos.

Lobo Mau jurou vingança e Bruno, após refletir, viu que fez besteira, resolvendo interferir, nos seguindo. Já sabendo que os traficantes estavam em nossa caça, pegou o revólver que era do pai.

Simone fez uma pausa para recuperar as forças. André, pasmo com o que estava ouvindo, comentou:

— Bruno é louco! Se ele já sabia, por que não nos avisou ou chamou a polícia?

— Eu fiz essa pergunta a ele, que me respondeu que, se ele nos avisasse, você iria chamar a polícia e com isso ele seria preso também. E, depois, de qualquer forma os traficantes dariam um jeito de acabar conosco. Você sabe que, ao se envolver com esses caras, o final é sempre o mesmo: a cadeia ou o cemitério. Nesse caso, no sentido literal da palavra, por isso ele resolveu agir por conta própria. Ia matá-los e alegar legítima defesa, uma vez que faria isso para nos salvar.

Eu discuti com ele, falei para ele ir comigo chamar a polícia, mas foi em vão. Ele me abraçou, me deu um beijo, passou a mão em minha barriga e disse que acreditava em mim, que o filho era dele e que tudo acabaria bem, que eu ficasse ali escondida, que nada aconteceria e que logo ele estaria de volta.

Simone pôs-se a chorar. André, ao vê-la debulhando-se em lágrimas, procurou acalmá-la, dizendo:

— Não fique assim. Não vai fazer bem para você. Desculpe! Eu não deveria ter tocado nesse assunto.

— Não se sinta culpado. Eu precisava mesmo desabafar — respondeu, limpando o rosto inchado pelo choro. — Deixe-me terminar! Eu fiz o que ele pediu, fiquei ali escondida, mas alguma coisa me dizia que eu tinha que chamar a polícia, então eu me levantei e comecei a andar. Em poucos minutos, ganhei a rua. Eu vi quando Lobo Mau entrou no galpão. Andei mais dois quarteirões até encontrar um orelhão e o resto você sabe.

— Fez sua parte, Simone, e agradeço por isso. Bruno, por um lado, quis nos proteger, mas por outro errou. Qualquer um saberia que seria um suicídio enfrentar aqueles traficantes. Ele me salvou e eu nunca vou esquecer isso, morreu querendo me proteger, mas, se não fosse a sua ação em ligar para a polícia, quem garante que eu não teria morrido também?

— Se pensar por esse lado, você está certo.

Elza entrou no quarto. Ao ver o olhar marejado de Simone, comentou:

— Eu não sei sobre o que vocês estavam conversando, mas sei que não deve chorar, Simone. Você não pode passar por fortes emoções. Não acha que tudo o que aconteceu já não foi o bastante?

Os dois adolescentes não responderam. Elza, querendo melhorar o estado de espírito da moça, abraçou-a dizendo:

— Anime-se! Você tem agora um ser lindo do qual deve cuidar com alegria e amor. Agora tenho que ir. Amanhã você terá alta, mas o bebê ficará aqui no hospital até pegar peso suficiente para ganhar o mundo. Eu venho pegá-la com o doutor Ronaldo.

Simone beijou-a com ternura. Elza afastou-se e foi a vez de André dar um forte abraço na amiga, que retribuiu com força. Ao se separar, André despediu-se dizendo:

— Quero que me visite na clínica e leve meu afilhado para me conhecer.

— E quem te promoveu para padrinho?

— Ora! Eu mesmo! Vou ser tio e padrinho de Bruninho. Ou você tem outro padrinho na cabeça?

Simone riu prazerosamente, respondendo com alegria:

— Eu já havia pensado em te convidar para essa responsabilidade, mas agora não sei não. Você está muito convencido. Mas pode deixar. Assim que possível, eu e Bruninho iremos vê-lo.

— Ficarei muito feliz.

Elza abraçou André e os dois saíram do quarto, deixando Simone pensando em seu futuro ao lado do filho, que, apesar de ter vindo em uma hora difícil de sua vida, veio trazer felicidade e amor ao seu coração.

XV

Na clínica de reabilitação

O céu formava um espetáculo esplendoroso naquele final de tarde. O sol se pondo parecia pintar um quadro de rara beleza com seus vários tons, que variavam entre o amarelo e o laranja. André respirou fundo, sentiu o cheiro gostoso de mato e flores que circundavam a clínica onde ele já estava há mais de dois meses.

Por segundos a imagem de sua mãe lhe veio à mente, a saudade consumia seu coração. Nunca em toda sua vida ficara tanto tempo longe de sua genitora. Pensou em Simone, na última carta que recebera da amiga, ficou sabendo que Bruninho estava bem, crescendo e se desenvolvendo como qualquer outra criança, o que o deixou feliz.

— André, está na hora de entrar. Logo o jantar será servido no refeitório.

André olhou para trás, estava tão distraído que nem percebeu a presença de Armínio, o diretor daquela clínica, que, ao vê-lo pensativo, comentou:

— A saudade que dói no coração, em muitas circunstâncias, nos faz refletir sobre o que fazemos de nossa vida e se torna um bálsamo refrescante em nossa alma, fazendo da dor uma maneira de lutarmos para não sofrermos mais.

— O senhor sempre sabe o que estou pensando. Aposto que carrega uma bola de cristal nesse avental branco! — brincou André, ao se levantar.

Armínio respondeu alegremente:

— É! Digamos que possuo uma bola de cristal invisível.

— Estou com saudades de minha mãe.

— Ora, meu jovem! Daqui a quinze dias ela poderá te visitar e vocês matam as saudades.

— Mal vejo a hora para que esse dia chegue.

— Vai chegar! Agora vamos entrar.

André entrou na casa ao lado de Armínio. Antes de ir para o quarto que dividia com mais cinco rapazes, perguntou com um certo brilho no olhar.

— O senhor já sabe quando poderei participar daquela reunião?

— Sei sim. Na próxima segunda-feira. Mas por que está tão ansioso? Você me disse, quando chegou aqui, que não acreditava muito na espiritualidade.

— É que andei conversando com alguns dos rapazes que já participam das sessões espíritas e eles me disseram tanta coisa sobre esses trabalhos que estou curioso.

— Vocês jovens fazem tudo pelo impulso da curiosidade, mas é normal. Bem, você sabe que aqui temos regras e normas. Você não precisa participar das reuniões espíritas. O mentor que comanda nossa casa no espiritual sempre diz que há momento para tudo em nossas vidas, que o fruto só deve ser colhido quando está maduro. Se os nossos amigos espirituais já autorizaram sua entrada em nossa sessão reservada, é porque chegou o seu momento de aprender a se reformar intimamente dentro do estudo sobre o espiritismo. Agora vá tomar um banho e não demore para o jantar. Se quiser falar mais sobre o assunto, me procure. Estarei ao seu dispor.

André agradeceu com um sorriso. Armínio virou-se e foi cuidar de seus afazeres, sentindo paz no coração por saber que mais um de "seus jovens" estava de fato interessado em aprender a viver com base na lei do amor e do perdão que Cristo nos ensinou.

Simone saiu do banho e se arrumou apressadamente. Cuidara da casa e do filho que demorou a dormir, fazendo-a atrasar-se. Elza, ao vê-la afoita, comentou:

— Não precisa correr tanto. Ronaldo nem chegou para levá-la à reunião. E, depois, vocês vão de carro, é rápido.

— Eu sei, mas estou ansiosa. Parece que algo de bom vai acontecer comigo hoje.

— Ora, filha! Desde que começou a frequentar essas reuniões, todos os seus dias estão se tornando melhores. Talvez seja isso.

— É. Pode ser.

Simone ia continuar quando ouviu a buzina do carro de Ronaldo. Após dar um beijo na amiga que lhe prometera cuidar bem de seu filho, saiu rapidamente. Ronaldo, ao vê-la sair, abriu a porta do carona para Simone que, ao entrar, cumprimentou-o sorridente:

— Boa noite, doutor Ronaldo! Como vai?

— Eu, bem. Quanto a você, nem vou perguntar. Vê-se que está contente.

— Estou sim, mas nenhum motivo aparente para essa felicidade.

Ronaldo ligou o carro e os dois seguiram conversando animadamente por algumas ruas do bairro. Em pouco mais de dez minutos chegaram à frente de uma casa, onde o movimento na entrada estava razoavelmente grande. Ronaldo encostou o carro e os dois desceram. Cumprimentaram algumas pessoas que estavam conversando do lado de fora e entraram, sentando cada um em uma cadeira que estava colocada na posição de círculo.

Em poucos minutos a sala estava cheia. Cada qual em seu lugar. Simone esperava ansiosa pelo começo da reunião. Logo a presença de um senhor aparentando uns cinquenta anos de idade sentou-se em uma cadeira à frente dos demais e começou a reunião, dizendo:

— Boa noite!

Todos responderam ao mesmo tempo.

— Vamos começar mais uma reunião, lembrando que o intuito desta casa não é julgar ninguém. Todos estamos aqui para aprender com nossos próprios erros e, muitas vezes, ao ouvirmos os relatos dos companheiros, com seus erros também. Quem veio a primeira vez, se quiser levantar a mão e dar o seu depoimento, esteja à vontade.

O jovem senhor calou-se. Logo um rapaz que estava sentado ao lado de Simone levantou a mão, dizendo:

— Oi! Meu nome é Augusto.

Todos responderam ao mesmo tempo:

— Oi, Augusto!

— Eu queria falar pra vocês sobre o que estou passando. Tenho vinte e seis anos e desde os quinze anos de idade estou no mundo das drogas. Tudo começou por causa dos amigos. Sabem como é, quando se está em um grupinho, um dos colegas oferece a droga e, se você não aceita, é discriminado. Começam logo a te chamar de careta. Eu sei que isso é fraqueza, pois, se eu fosse forte em caráter, não aceitaria e deixaria falarem o que quisessem. Hoje eu sei disso, mas na época eu não pensava assim.

Pois bem, no começo foi amor à primeira vista. Eu me apaixonei pelas drogas, principalmente a cocaína. Cara, a primeira sensação é maravilhosa. Você se sente poderoso, dono de si, tudo parece fácil. A sensação de que tudo é permitido me encantou e daí para o vício foi muito rápido.

Eu trabalhava de office boy naquela época e todo o dinheiro ganho ia para as drogas. Em pouco tempo o vício me dominou de uma tal forma que quanto mais eu usava, mais sentia vontade de me drogar. Aí eu comecei a faltar no emprego e fui mandado embora, mas eu não me preocupei com isso. Eu e um colega começamos a cometer pequenos delitos para sustentarmos o vício.

Cada vez mais eu usava a droga, eu já não comia, só bebia e de tudo. Uma vez eu cheirei o pó, a garganta secou como sempre, mas eu não tinha nada alcoólico para beber. Acabei tomando o álcool que minha mãe usava para limpeza. Meu pai, que a essa altura já havia percebido que eu era usuário de drogas, sofrera muito tentando de todas as formas me tirar dessa vida, mas eu não queria fazer nada que ele falava. Também não me expulsaram de casa...

Augusto fez uma pausa para respirar. Ao ver que ninguém esboçou nenhuma reação, continuou:

— O tempo foi passando. Eu, não mais contente com o pó, passei a experimentar outras drogas como as injetáveis e os comprimidos, até que um dia me apresentaram uma outra. Isso faz pouco tempo. Disseram-me que é nova no mercado, quase ninguém conhece ainda. É o craque, que é uma mistura de cocaína, acetona e outros derivados. Vendem em pedras e você coloca em cachimbos para fumar.

É. Mais uma vez eu me entreguei a ela, mas tudo tem seu preço. Essa droga foi me deixando magro, quanto mais eu fumava, mais eu emagrecia. Até que um dia eu fui pego roubando. Eu já não tinha mais nome, nem identidade e nem casa, pois há vários meses não via meus pais. Quando fui levado à delegacia, sofri várias humilhações. O delegado me disse que, por ele, eu iria mofar na cadeia. Eu cheguei a ligar para a casa dos meus pais, mas meu pai fechou seu coração, disse que não iria à delegacia, pois eu havia escolhido o caminho da marginalidade e deveria pagar pelas minhas escolhas. Na época, fiquei magoado com ele, nunca esperava ouvir aquelas palavras dele.

Pois bem, passei dois anos preso e, nesse meio tempo, comecei a rever minhas atitudes. Fui obrigado a ficar sem consumir as drogas, pois dentro da prisão eu não tinha recursos para adquiri-la e foi quando me dei conta que quem entra para esse mundo só tem dois caminhos, um é o cemitério e o outro é a cadeia...

Augusto parou para enxugar uma lágrima que insistia em cair por sua face e prosseguiu:

— Faz dois meses que saí da prisão e voltei para a casa dos meus pais. Ainda sinto vontade de usar drogas, mas nessas horas penso em tudo o que passei e resisto. Minha mãe ficou sabendo deste lugar e me aconselhou a frequentar a reunião. Eu pensei em não vir, fiquei com vergonha de ter que contar minha história para pessoas que nunca vi antes, mas criei coragem e aqui estou.

Augusto parou seu depoimento. Simone olhou para o rapaz comovida, mandando boas vibrações para ele. Em seguida, outras pessoas fizeram seus relatos. Uma hora depois, o jovem senhor encerrou a reunião, dizendo:

— Agradeço a todos que nos deram seus depoimentos hoje. Espero que todos sigam vencendo suas fraquezas, lembrando que nosso lema é "apenas por hoje, o amanhã a Deus pertence". Só hoje, só o agora nos importa, e todas as vezes que vocês sentirem vontade de usar drogas, digam a si mesmos "apenas por hoje eu não vou me entregar ao vício, apenas por hoje". Boa noite!

As pessoas foram saindo lentamente. Simone e Ronaldo se levantaram calados. Aqueles depoimentos os deixaram pensativos. Já estavam à porta do automóvel quando Augusto se aproximou, dizendo:

— Oi! Desculpe a intromissão, mas é que, quando estavam lá dentro, você me olhou com um olhar encorajador. Eu senti uma energia amiga vinda de você e queria saber qual é o seu nome.

Simone abriu um sorriso discreto. A forma embaraçadora com que o rapaz a abordara a deixava sem graça na frente de Ronaldo, que, percebendo o embaraço da moça, brincou com o rapaz:

— Então quer dizer que minha namorada ficou olhando para você de forma amorosa?

Augusto ficou sério. Sua face corou. Simone, ao vê-lo todo desconcertado, decidiu responder:

— Meu nome é Simone e não sou namorada dele. Pode ficar tranquilo.

Augusto respirou aliviado. Ronaldo abriu um sorriso maroto, ao comentar:

— Simone é minha amiga, é como se fosse uma filha para mim. Bem, acho que temos que ir embora. Já está tarde. Você está de carro?

— Não. Eu vou de ônibus.

— De jeito nenhum. Eu te dou uma carona, assim você e Simone podem conversar à vontade. Entre!

Ronaldo entrou no carro. Simone sentou no banco de trás, deixando Augusto ao lado de Ronaldo.

Os três seguiram em palestra animada o trajeto até a casa do rapaz. Augusto de vez em quando interrompia o assunto para indicar o caminho que Ronaldo deveria percorrer. Não demorou muito para o rapaz pedir para ele parar o carro em frente a uma casa em um bairro de classe média. Augusto, ao olhar para a casa, que, pelo tardar das horas estava com as luzes apagadas, suspirou tristemente e comentou:

— Eu adoraria convidá-los para entrar e tomar um café, mas meus pais já estão dormindo.

— Não se preocupe! O café fica para uma outra hora. E, depois, já está tarde — respondeu Ronaldo, estendendo a mão para cumprimentar o rapaz.

Augusto, após despedir-se dos dois, entrou em sua casa. Ronaldo, ao vê-lo entrar, ligou o carro e saiu do local. Vendo Simone pensativa, comentou:

— Pelo visto, você gostou do rapaz. Senti um clima de romance.

— Não seja precipitado. Eu só me comovi com a história dele. Senti uma ternura por ele, mas coisas de amizade e nada mais. Sem contar que lembrei de Bruno e pensei que de repente ele poderia estar vivo e participando das reuniões conosco. É só isso!

— E o que a leva a crer que, se não tivesse acontecido com vocês o que aconteceu, você estaria procurando ajuda?

Simone ficou pensativa. Desde que Bruno morrera, ficara questionando o porquê de ter acontecido tudo aquilo com eles. Ela conhecia inúmeras pessoas que usavam drogas há anos e nunca lhes acontecera nada. Por que com eles fora diferente? Essa pergunta não saía de sua mente. Ronaldo, percebendo o que se passava no íntimo da moça, disse:

— A vida é sábia, Simone, e Deus sabe o que faz. As pessoas esquecem-se disso quando abusam do seu livre-arbítrio. Acham que podem fazer o que querem e que não terão uma resposta do Universo. Quando essa resposta vem, fazem-se de vítimas e sempre arrumam uma justificativa para o que lhes acontece, mas sempre se passando por coitadinhas. Você deve estar pensando: "Coitado do Bruno! Deus foi injusto com ele. Ele poderia estar aqui, tendo a mesma chance que eu e André para deixar os vícios." Não é?

— É sim! Por mais que eu tente, eu não consigo aceitar que Deus não tenha sido injusto, afinal de contas, nós somos culpados, é claro, por termos nos deixado levar pelas drogas, mas e os traficantes? Não estariam mais errados do que nós? Se nos tornamos viciados, foi porque encontramos a droga e alguém nos ofereceu.

— Mas, se vocês experimentaram e passaram a usar a droga, os únicos responsáveis são vocês. Não haveria traficantes se não houvesse usuários. Cada qual é o único responsável pelos seus atos. E, acredite, nada passa despercebido pelo Universo. Uma vez que encarnamos e reencarnamos várias vezes na Terra, é para justamente evoluirmos e aprendermos ao longo das encarnações.

Bruno, por exemplo, teve várias oportunidades de rever suas atitudes enquanto encarnado, e ele jogou todas fora. Você mesma disse que queria chamar a polícia naquela tarde no galpão e ele não deixou. Por quê? Porque não queria ser preso e prestar contas de seus atos. Ele preferiu arriscar sua vida e, como resposta, acabou desencarnando.

Mas, mesmo depois do desencarne, mais cedo ou mais tarde ele terá que prestar contas à sua consciência e mudar suas atitudes. E o pior é que terá que passar por inúmeros sofrimentos, pois não quis aprender pelo amor.

Ronaldo calou-se. Em poucos minutos parou o carro à porta de Elza, onde Simone, após beijar-lhe a face, desceu, entrando direto em casa. Ronaldo já estava ligando o carro, quando decidiu ir ter com Zélia, uma vez que as luzes de sua casa estavam acesas, indicando que sua moradora estava acordada.

Após apertar a campainha, Zélia, ao ver de quem se tratava, abriu a porta. Ronaldo deu um leve beijo em sua face, dizendo:

— Desculpe-me pelo tardar das horas. É que vi as luzes acesas e pensei que talvez você quisesse conversar.

— Tudo bem, entre!

Meio constrangida, Zélia apontou o sofá para ele se sentar e perguntou:

— Que ventos o trazem aqui?

— Eu vim saber como você está. Mais uma vez, desculpe-me pelo tardar das horas. É que passo por aqui durante o dia e você nunca está em casa.

— É. Eu estou trocando o dia pela noite. Quase não durmo, passo a noite inteira acordada. Às vezes durmo pela manhã e a tarde vou ao cemitério ficar com meu filho.

Ronaldo olhou à sua volta. A casa estava em completa desordem, longe de ser a casa que ele conhecera outrora. Zélia, ao acompanhar os olhos de Ronaldo pela casa, comentou:

— Eu não ando com vontade de fazer nada. Estou esperando a hora de morrer e me juntar a Bruno. Não há mais nada a fazer da minha vida a não ser isto.

Zélia estava melancólica. Ronaldo, querendo mudar o estado de espírito dela, respondeu:

— Você não pode pensar assim. Tem que reagir. Bruno desencarnou, mas a vida continua para você. O que está fazendo é suicídio. Olhe pra você! Está magra, abatida. Aposto que, além de não estar dormindo como se deve, não deve estar se alimentando direito. E pra quê? Você acha que morrer vai resolver seus dramas íntimos?

— Ora, Ronaldo! Não me venha com essa história de que Bruno continua vivo em um outro plano de existência e que Deus age em nosso favor sempre. Pra mim, morreu e acabou. Não há mais sofrimento nem dor. O céu e o inferno são aqui mesmo. Bruno se meteu com o que não devia e pagou caro com a morte e eu perdi meu filho por ter sido negligente com ele, pronto! Agora é só esperar a morte. Estou quite com a vida e não com Deus, pois este não existe. Essa história de que há um Deus é bobagem. Agora, por favor, vá embora, eu quero ficar sozinha!

Ronaldo levantou-se. Zélia estava amarga e, naquele momento, nada que fizesse ou falasse seria levado em consideração por ela. Decidiu não mais falar sobre o assunto e se despediu dela com um tchau, que ela nem se deu ao trabalho de responder, colocando-o para fora sem cerimônia nenhuma.

Ao entrar em seu automóvel, Ronaldo estava triste, mas não se deixou abater. Fez uma prece a Deus pedindo a presença dos espíritos amigos na casa de Zélia e visualizou uma luz branca sobre aquele lar. Tinha certeza de que o tempo cicatrizaria as feridas de Zélia e, sempre que ela precisasse, estaria por perto para ajudá-la. E, com esses pensamentos, saiu com seu automóvel rumo a sua casa.

Francisco chegou em casa cambaleando, pois, a cada dia que se passava, bebia mais, chegando a ficar o dia inteiro dentro do bar. Fora despedido de seu serviço como segurança no hospital, pois seus superiores o pegaram bebendo em serviço. Consequentemente, perdera os bicos que fazia para complementar a renda.

O dinheiro ganho com o tempo de serviço fora todo gasto em bebidas, o carro, que comprara com todo sacrifício, vendera e já estava vivendo às custas de Fausta, que falava, reclamava, mas sempre lhe dava um trocado que ia parar no caixa do bar.

Fausta, ao vê-lo chegar naquele estado, ajudou-o a ir para o quarto e a se trocar. Aquela cena tornara-se um ritual em sua vida. Ao sair do quarto, lembrou-se do despacho que fizera e da ajuda que pedira aos espíritos atrasados para separar o filho de Elza.

Quando ele começou a beber, ela logo percebeu a influência daquele espírito. Procurou Emília no intuito de lhe pedir ajuda, mas a vizinha lhe dissera que não poderia ajudá-la e lhe indicou um centro de Umbanda.

Ela titubeou por alguns dias, mas decidiu ir ao tal centro na semana seguinte. Foi à sessão às oito horas em ponto, sentou-se em um banco e pôs-se a assistir aos rituais de início da sessão.

O centro era separado em duas partes, o salão era grande, sendo que, na parte da frente os médiuns, todos vestidos de branco, faziam uma roda, cantando e dançando ao som dos atabaques. Na parte de trás havia um lugar destinado à assistência, onde Fausta aguardava ansiosamente. Finalmente resolveria o problema de seu filho.

Em pouco tempo, a mãe de santo fez uma prece pedindo a presença da linha dos pretos velhos, que em poucos minutos estavam ao lado dos médiuns, falando através deles. Fausta esperou sua vez que não demorou a chegar. Após se postar à frente de um médium, explicou tudo o que fizera e o que estava acontecendo.

O espírito ouvia a tudo atentamente. Quando ela terminou de falar, o preto velho comentou:

— O que você fez não é correto. Não se deve fazer pedidos aos espíritos, principalmente quando se trata de espíritos atrasados, voltados para o mal e para a zombaria. E agora não há muito que fazer. Podemos afastar esse espírito que o está perturbando, mas seu filho é dependente químico e vai precisar se tratar. Ele precisa querer mudar, só afastar esse espírito não vai resolver.

O médium fechou os olhos, parecendo querer pensar antes de falar, ficando assim por alguns segundos. Em seguida, comentou com a mesma voz de minutos antes:

— Você afastou seu filho de seu destino e isso é o que mais está doendo dentro dele. Procure consertar o que você fez. Isso irá ajudá-lo.

Fausta pensou um pouco. Lembrou-se do que fizera para afastar o filho de Elza. A esse pensamento, estremeceu. Não, ela não daria o braço a torcer, ainda mais tendo que ir pessoalmente procurar por Elza e lhe pedir ajuda. Isso ela não faria.

O espírito, lendo o que se passava na mente dela, olhou bem em seus olhos, dizendo:

— Não se muda o que já está predestinado, e seu filho se comprometeu a caminhar ao lado dessa mulher de quem você não gosta antes de reencarnar. O que você fez foi só adiar esse compromisso e isso lhe trará dor e sofrimento. Você precisa aprender que o mal que fazemos aos outros é o que fazemos a nós mesmos. Pense nisso, mude suas atitudes e depois volte aqui, que o resto do trabalho nós faremos.

Fausta irritou-se ainda mais e levantou-se gritando descontrolada.

— Isso é mentira! Você é um charlatão. Eu vou chamar a polícia para fechar isso aqui.

O espírito não respondeu aos ataques de Fausta, que saiu do local sem olhar pra trás.

Fausta suspirou profundamente ao lembrar-se do que a entidade lhe falara. Ao ver que seu filho estava dormindo, foi para seu quarto, deitou-se, mas não conseguiu dormir, ficando acordada pelo resto da noite.

Bruno acordou assustado. Olhou à sua volta, estava em um quarto isolado. Uma luz em penumbra era a única coisa que conseguia enxergar além da cama. Onde estaria? Que lugar era aquele? A esse questionamento, pôs-se a pensar. Lembrou-se dos tiros, da dor e de ter desmaiado.

— Será que estou preso? Mas esse quarto não é de um hospital, muito menos de uma delegacia — pensou, sem conseguir conectar as ideias.

Ficou assim por um longo tempo até adormecer. Ouvia de longe o choro de Zélia, que ora conversava com ele, ora chorava. Logo uma forte energia o envolveu. Quando deu por si, estava acordado ao lado da mãe. Ao vê-la, correu para abraçá-la, mas ela não lhe correspondeu o abraço. Ela estava no cemitério sentada em um túmulo.

Bruno, ao ver seu nome na lápide, estremeceu e começou a chamar e chacoalhar Zélia, fazendo-a sentir sua presença e, sem saber, fazendo-a chorar ainda mais. Chegou a bater com força as mãos no mármore frio que cobria a sepultura.

Ao ver que suas tentativas de chamar a atenção da mãe estavam fazendo com que ela se desesperasse ainda mais, afastou-se um pouco, quando, sem perceber, uma mão tocou suas costas. Ao se virar, viu a figura de Cacá, que foi logo dizendo:

— Procure se acalmar! Você não morreu. Está vivo, mas em outra dimensão, livre do peso do corpo material.

Bruno empalideceu. Pensou em sair correndo, fugir, mas não conseguiu. Sem saber o que fazer, sentou-se ao lado da mãe. Cacá não falou mais nada, limitando-se a observá-lo. Quando percebeu que o rapaz estava mais calmo, disse em tom amigável:

— No começo é assim mesmo, depois você se acostuma.

Zélia levantou-se. Já estava na hora de o cemitério fechar e não desejava ser convidada a sair do local pelos coveiros, que várias vezes chamaram sua atenção por causa do horário e olhavam para ela de forma estranha, fazendo comentários entre si.

Cacá, ao vê-la se afastando, deu a mão para Bruno, dizendo:

— Sua mãe já está indo embora de volta para sua casa. Vamos!

Bruno levantou-se. Não sabia o que fazer nem o que pensar. Decidiu seguir o amigo, que se pôs a andar junto a Zélia, sem nada a dizer. Os três seguiram andando pelas ruas do bairro. Bruno relembrava o caminho que fazia para ir de casa ao encontro com o grupo, quase todas as noites.

Os três entraram na casa de Zélia, que, se sentindo mal, decidiu deitar-se. Bruno foi para seu quarto. A porta estava aberta, pois Zélia ia todos os dias ao quarto do rapaz e ficava horas ali deitada, olhando os poucos objetos que o filho não vendera para comprar drogas. Bruno, ao se sentir em casa e agora mais tranquilo, perguntou:

— Quando foi meu enterro?

— Você está do lado de cá há mais de três meses.

— Três meses? Tudo isso?

— É! Quando seu corpo morreu, Cláudio e Celso o levaram para a casa deles, que fica próxima daqui do plano da terra.

— Cláudio e Celso? Mas espere aí! Eles não são aqueles dois que começaram o nosso grupo?

— Isso mesmo. Eles cuidam da gente e nós ainda fazemos parte do grupo, agora deste lado, entendeu?

— Acho que sim — respondeu Bruno, bocejando.

Cacá, ao ver o rapaz com sono, comentou:

— Por que você não dorme um pouco? Você ainda está fraco, precisa recuperar suas forças. É normal. Quando se desencarna, se tem muito sono nos primeiros meses. Dormir vai lhe fazer bem.

Bruno não respondeu. Deitou-se em sua cama, sentiu seu cheiro nas roupas de cama e acabou por adormecer. Cacá, ao vê-lo dormindo, saiu do local, voltando até o Umbral. Em poucos minutos, chegou a casa onde Cláudio e Celso o aguardavam. Celso, ao vê-lo, comentou:

— Você está fazendo um bom trabalho. Conseguiu levar Bruno até a casa de sua mãe.

— Foi fácil. Ele ainda está sem saber o que fazer.

— Ótimo! É melhor ele ficar lá, assim me dará menos trabalho. Quanto a você, sabe o que tem que fazer, não sabe?

— Sei sim e vou cumprir tudo direitinho. Não se preocupe!

— Acho bom mesmo, pois, se tentar alguma gracinha, vai se ver comigo. Agora volte à casa de Zélia e não saia de perto de Bruno por nem um minuto. Não quero correr o risco de ver Guilherme se aproximar dele. Bruno é um dos nossos e vai continuar sendo.

Cacá saiu sem responder. Celso, ao se ver a sós com Cláudio, comentou:

— Fique de olho nesse daí. Eu não sei por quê, mas algo me diz para não confiarmos muito nele.

— Ora, Celso! Deixe de ser desconfiado. Você não confia nem em sua sombra. Cacá até hoje não nos deu motivos para desconfiar.

— Eu sei, mas é melhor prevenir do que remediar. E, depois, você sabe quais são meus reais planos para Bruno, e não quero que nada me atrapalhe. Foi por isso que eu deixei ele ir para perto da mãe, pois cedo ou tarde isso iria acontecer. Agora vamos deixar de conversa. Eu tenho muito que fazer.

Cláudio calou-se. Celso saiu da sala, indo cuidar de seus pacientes, como eles os tratavam, deixando Cláudio imerso em seus pensamentos.

XVI

O VÍCIO COBRA SEU PREÇO

O domingo veio com alegria para André, pois receberia pela primeira vez a visita de sua mãe, que chegou à clínica acompanhada de Ronaldo no começo da tarde. Após se identificar na portaria e ser informada de que seu filho a esperava no jardim, foi ao seu encontro.

André, ao vê-la, correu para abraçá-la. Os dois ficaram agarrados, matando a saudade por um bom tempo. Quando se largaram,

André a convidou para sentarem-se em um banco do jardim e os dois ficaram conversando por um longo tempo.

Elza lhe falava de tudo o que estava acontecendo tanto no hospital, como em sua casa. Contou sobre Simone e seu filho. André ouvia tudo atentamente, ora se empolgando com os fatos, ora dando sua opinião sobre o assunto, só parando quando Ronaldo e o doutor Armínio se aproximaram.

André levantou-se para abraçar Ronaldo. Os dois haviam se tornado amigos nos últimos meses. Armínio, ao ver a expressão feliz no rosto do rapaz, comentou com o grupo:

— André não parou de falar sobre esse encontro nestas últimas semanas.

— Ora doutor, não fale assim! Minha mãe pode acostumar — respondeu, dando uma piscada para Armínio, fazendo todos rirem.

Ronaldo comentou em seguida:

— Sua mãe é que não parou de pensar e falar em você em nenhum desses últimos meses. Mas, mudando de assunto, está gostando daqui?

— Esse lugar é um paraíso, mas o melhor de tudo são as sessões espíritas de segunda-feira.

— André está se interessando cada dia mais pelo espiritismo. Você acredita que ele já leu o *Livro dos Espíritos* três vezes? — comentou Armínio.

Ronaldo, feliz com a notícia, respondeu:

— Então preciso trazer outros livros para você ler.

— Não precisa. Aqui na clínica tem uma biblioteca ótima. Tem livros sobre todos os temas. Você precisa conhecê-la. Mas o melhor mesmo são as sessões. Você sabia que eu já saí das sessões de desobsessão?

Elza olhava espantada para o filho. Ele parecia estar com mais brilho do que nunca. Querendo fazer parte da conversa, perguntou a Ronaldo:

— E você poderia me explicar o que é uma sessão de desobsessão?

— Pode deixar que eu explico — interferiu André, que, ao ver a mãe com um olhar indagador, prosseguiu. — Pelo que eu já aprendi, quando eu me envolvi com as drogas, havia espíritos ao meu lado, em sua maioria, viciados em drogas. Percebendo a minha tendência a ser dependente químico, me envolveram e sugeriram que eu passasse a me drogar. Eu, por essa tendência, entrei na sintonia deles, abrindo um canal para que eles pudessem agir em minha vida. Então esses espíritos passaram a me seguir, ou, melhor dizendo, a me obsediar. Quando eu decidi sair do mundo das drogas, esses espíritos não gostaram nada, é claro, então, ao passar pelos trabalhos de desobsessão, eles foram esclarecidos e deixaram de me perseguir. Não é isso, doutor Armínio?

— Exatamente, André. Mas não podemos nos esquecer de que esses espíritos se afastaram de você porque você mudou sua faixa vibratória, passou a mudar seus pensamentos e atitudes, e deixou de ter afinidades com eles. Falo isso porque conheço muitas pessoas que procuram centros espíritas, fazem tratamentos de desobsessão e, quando se acham livres da presença desses espíritos, voltam a agir da mesma maneira, não mudando seus pensamentos e atitudes. É lógico que com isso esses mesmos espíritos ou outros, uma vez que os primeiros optaram por mudar suas atitudes, voltam a influenciar essa pessoa.

— Então se André, quando sair daqui, pensar novamente em usar drogas, ele terá novamente a presença desses espíritos afins, é isso?

— Exatamente! — respondeu Armínio.

Ronaldo, ao olhar para o relógio de pulso e ver as horas, comentou com Armínio:

— Que tal você me mostrar a biblioteca? Assim deixamos Elza e André se despedirem a sós.

— Ótimo! Eu também tenho que ver outros rapazes. Venha! Eu vou lhe mostrar toda a casa.

Armínio saiu com Ronaldo. Elza ficou pensativa com a conversa. André, ao ver a mãe calada, perguntou:

— O que aconteceu? A senhora parece que ficou triste.

— Esse esclarecimento que vocês me deram me fez pensar em seu pai. Eu larguei dele por causa da bebida, fui dura, não o ajudei. Depois de anos, encontrei Francisco, que também se entregou à bebida, e eu, mais uma vez, preferi resolver meus problemas da forma mais fácil, que foi abandoná-lo. E agora você, que é meu filho, meu tesouro, se envolveu com as drogas. Parece que a vida está querendo que eu aprenda com isso.

— Pode ser. Eu estou aprendendo aqui, mãe, que a vida é sábia, que Deus é um pai amoroso e só quer nosso bem, e que somos nós que preferimos o sofrimento. Nesse caso, se a senhora tivesse ajudado meu pai a se livrar do vício do álcool, tudo seria diferente, mas isso é só hipótese. E, depois, eu não posso me ausentar de minhas falhas. A senhora fez o que achou melhor naquela época, por isso não se sinta culpada.

Elza abraçou o filho calorosamente. De fato ele estava mudado, não parecia ser mais aquele adolescente rebelde, e isso a deixava feliz, o que a fez abraçá-lo ainda mais, ficando assim até Ronaldo voltar para se despedir de André e levá-la de volta a sua casa.

Simone cantava uma canção de ninar para o filho, que, sentindo o calor da pele de sua mãe, acabou por adormecer, fazendo-a colocá-lo no berço. Por segundos sentiu sono. Já era tarde da noite, mas queria esperar por Elza, que chegaria com notícias de André. Pensou em resistir à sonolência, mas, morta pelo cansaço, adormeceu.

Em poucos minutos entrou em sono profundo. Logo seu perispírito se viu livre da matéria, sentindo uma forte força de atração. Fora levada para a casa de Zélia. Olhou à sua volta, a casa estava escura. Sem saber o que fazer, sentiu seu corpo astral ser levado ao quarto de Bruno, onde o encontrou dormindo. Ao seu lado estava Cacá, que não pode vê-la, pois estava vibrando em outra sintonia.

Pensou em sair correndo dali, mas, ao ver Bruno dormindo, não se conteve e correu para abraçá-lo. Foi quando ouviu uma voz a lhe dizer:

— Nós trouxemos você aqui para conversar com Bruno. Diga a ele o quanto o ama e o quanto está torcendo para ele sair dos vícios. Fale com ele, seu coração saberá exatamente o que dizer.

Simone não viu quem estava falando, mas uma energia de amor invadiu seu ser, luzes coloridas caíam do céu sobre sua cabeça. Sentindo um amor intenso, começou a acariciar o rapaz, dizendo:

— Bruno! Sou eu, Simone! Que bom que posso vê-lo. Não sei se você sabe, mas nosso filho está lindo, ele é muito parecido com você. Estou aqui para lhe pedir que deixe de lado as drogas. Olha, eu parei de usar e estou aprendendo a viver o agora. André também está se tratando em uma clínica e você deve fazer o mesmo. Tenho certeza de que você ficará melhor sem narcóticos e poderá aprender também na sua nova vida.

Simone abraçou e beijou Bruno fraternalmente. Em poucos minutos, a força que a atraíra até ali a levava de volta à casa de Elza, onde Simone terminou de dormir tranquilamente ao lado do filho.

Bruno acordou gritando o nome de Simone. Cacá, que estava velando seu sono, aproximou-se lentamente.

Bruno delirava, ora chamando por Simone, ora por André, o que o fez ficar preocupado, fazendo-o chamar por Celso, que logo chegou ao local com cara de poucos amigos. Aproximando-se de Cacá, perguntou:

— O que aconteceu? Espero que seja importante!

— Bruno está delirando, chamando por Simone. Eu fiquei com medo de que ele conseguisse sair daqui e ir até a casa dela.

Celso ouviu atentamente. Após aproximar-se do rapaz e perceber que tudo estava bem, voltou-se para Cacá, dizendo:

— Fez bem em me avisar. Se tem uma coisa que não quero é Bruno na casa de Elza. Ela está frequentando um maldito centro espírita e com certeza iria atrapalhar meus planos. Espere um pouco, volto logo.

Cacá não respondeu. Celso saiu do local, deixando o rapaz pensativo. Ele não sabia dos planos de Celso, mas fazia uma pequena noção do que se passava na mente de seu chefe. Não estava contente, pois, desde que desencarnara, a única coisa que fazia era cumprir ordens, ora de Celso, ora de Cláudio.

No começo até achou legal, estava, apesar de morto, vivo em uma outra dimensão, livre para fazer o que bem entendesse, podendo usar drogas na hora que quisesse. Aprendeu rápido com Celso a consumir a droga dos encarnados fluidicamente e aquilo para ele era fácil. A única coisa que tinha que fazer era se aproximar de um encarnado viciado, instigá-lo a consumir a droga e tirar os fluidos dela.

Mas, com o tempo, foi se cansando e ultimamente já não sentia tanta necessidade de usar tóxicos, principalmente agora que presenciara o drama particular de Bruno.

— Mas seja lá o que for que Celso quer fazer com Bruno, vou descobrir.

E, com esses pensamentos, ficou à espera de seu chefe, que não tardou a voltar em companhia de Cláudio. Cacá, ao vê-los, comentou:

— Bruno já se acalmou. Está tudo bem.

—Ótimo! — respondeu Celso, que segurava uma seringa com uma agulha nas mãos.

Cacá, ao vê-lo com aquela injeção, perguntou em tom desinteressado:

— Você vai medicá-lo? Talvez nem seja preciso.

Celso riu prazerosamente. Aproximando-se de Bruno, pegou em seu braço, aplicou o líquido da seringa, voltou-se para Cláudio, dizendo:

— Hoje você fica aqui com os dois. Quero saber como ele vai reagir a isso.

Cláudio balançou a cabeça positivamente para Celso, que saiu do local sem mais delongas. Cacá, ao ver-se a sós com Cláudio, decidiu investigar os intuitos de Celso:

— Engraçado! Eu não pensei que desse lado precisássemos de injeções de calmante.

— E não precisamos. Quem lhe disse que foi calmante que Celso aplicou em Bruno?

— Bem... É que eu pensei...

— Pois pensou errado. Celso injetou uma nova droga. Ele está testando em viciados desencarnados. Se tudo correr como ele pretende, em pouco tempo os encarnados terão uma nova droga muito mais forte que todas já existentes no planeta.

— Nossa, mas como ele vai fazer para essa sua invenção chegar até os encarnados?

— Ora, Cacá! Não seja burro. Você é esperto demais para não saber que Celso consegue comandar muitos traficantes encarnados que se encontram na mesma sintonia que a dele. Não se esqueça de que quem precisa de descanso é a matéria. Quando um encarnado dorme, seu perispírito está livre para ir aonde quiser. Muitos traficantes vão ao castelo de Celso todas as noites assistir a palestras, muitos pedem conselhos a ele e, quando acordam, mesmo que não se lembrem da conversa, sabem exatamente o que fazer, pois as informações lhes vêm à mente em forma de intuição. Sacou?

— Saquei, Celso é bastante esperto e você é seu braço direito. Vocês se conhecem há bastante tempo. É verdade a história de que vocês morreram no cemitério, usando drogas?

Cláudio pensou em calar-se. Cacá já estava querendo saber demais, mas, diante da forma amistosa do rapaz, decidiu falar.

— Eu e Celso nos conhecemos há muito tempo. Fomos primos na última estada na terra. Quanto à história que nós fomos mortos no cemitério na época da ditadura, é lenda. Isso foram os jovens que inventaram antes de você entrar para o grupo. A primeira vez que Celso apareceu foi para você e depois para o grupo de Bruno. Há muitas décadas que desencarnamos e não mais voltamos a terra. Mais alguma pergunta?

— Não. Eu só estava curioso, mais nada.

Cacá calou-se. Agora, mais do que nunca, precisava ser cauteloso. Celso era muito mais perigoso do que imaginara. Precisaria pensar em algo, mas em quê? Não poderia continuar naquela vida, mas por hora ficaria quieto em seu canto. Não pensaria mais a respeito até Cláudio ir embora do quarto, pois ele poderia ler seus pensamentos e isso ele não poderia deixar acontecer.

Sem dizer mais nada, sentou-se ao lado de Bruno, que começava a suar e gemer como se estivesse com a mente em algum lugar magnífico.

Elza saía do hospital apressada ao lado de Meire que, como sempre, falava sem parar. Meire, ao perceber que estava falando com as paredes, pois a amiga andava sem esboçar uma palavra, comentou:

— Eu não sei por que ainda falo com você. Estou há meia hora conversando e parece que estou em um monólogo!

— Estou lhe ouvindo. O que quer mais?

Elza parou em frente ao ponto de ônibus. Meire ia lhe responder quando olhou para o outro lado da rua e viu um homem caído na calçada. Voltando-se para Elza, questionou:

— Aquele homem do outro lado da rua caído na calçada me parece familiar, olhando de longe. Será que está bêbado?

Elza olhou para o local. Ao ver o homem no chão, respondeu à amiga, indo em direção ao homem:

— Não sei, mas vamos ver. Não podemos deixá-lo no chão sem ao menos saber o que se passa.

Meire conhecia bem a amiga para saber que ela tentaria socorrer o homem. Decidida a acompanhá-la, foi ao seu encontro.

Elza, ao chegar mais perto, assustou-se com o que viu. Era Francisco, que dormia tranquilamente na calçada, roupas rasgadas e cheirando a suor e cachaça. Meire, ao vê-lo, comentou:

— Meu Deus, é Francisco! Que horror! Olhe o estado dele, parece que não toma banho há séculos!

Elza verificou seu pulso, suspirando aliviada ao constatar que ele estava só dormindo. Olhou para Meire, dizendo:

— Ajude-me aqui. Vamos levá-lo para minha casa.

Meire balançou a cabeça negativamente ao responder:

— Você está louca, Elza? Onde se viu? Ligue para a mãe dele e ela que venha buscá-lo. Vocês não têm mais nada um com o outro.

— Meire, por favor. Vá buscar um táxi e me ajude.

Meire afastou-se, voltando-se para o ponto de táxi próximo à entrada do hospital. Em poucos minutos ela e o chofer estavam ao lado de Elza, ajudando-a a colocar Francisco no carro.

Não tardou para o automóvel chegar à porta da casa e, com a ajuda do chofer, as duas o colocaram para dentro da casa, levando-o até o quarto de André sem que ele abrisse o olho. Elza, após ajeitá-lo, pagou o chofer e se despediu de Meire, que alegando ter o que fazer, aproveitou-se do automóvel de praça para levá-la para casa.

Simone, que estava em seu quarto fazendo o filho dormir, ao ouvir o barulho, foi ter com Elza. Ao vê-la passando uma toalha úmida no rosto dele, perguntou espantada:

— O que aconteceu? Este é Francisco?

— É. Eu o encontrei próximo ao hospital, dormindo no chão, bêbado. Na hora decidi trazê-lo pra cá.

— Nossa! Você precisa de ajuda. Bruninho acabou de dormir, estou livre.

— Por hora não — respondeu Elza, com o olhar perdido no espaço.

Simone, ao vê-la pensativa, comentou:

— Engraçado! Você está cercada de pessoas com dependência química. Já percebeu isso?

— Quando eu estava no automóvel, vindo pra cá com Francisco deitado em meu colo, pensei nisso. Sabe, Simone, eu sempre fui muito intolerante com pessoas que têm qualquer tipo de vício. Quando alguém chegava no hospital com esses históricos, eu ficava com dó, mas sempre os achava uns fracos. Para mim, só se viciava quem queria. Eu não via os vícios de outra maneira. Quando o pai de André começou a beber, eu me separei dele rapidamente, pois o julguei um fraco e incapaz, e eu simplesmente não tentei ajudá-lo. Achei que o colocando para fora, meus problemas acabariam. Ele que fosse se tratar e arrumar outra que o aguentasse.

Elza parou para enxugar algumas lágrimas que insistiam em cair em sua face e, em seguida, continuou:

— Mas o tempo passou e eu só tinha André. Desde pequeno eu lhe ensinei a fugir do álcool e das drogas, mas não foi o que aconteceu. Isso sem contar Francisco. Quando eu soube de André, naquele dia fatídico em que Bruno nos deixou, eu percebi que não adianta lavar as mãos e fugir da vida, que enfrentar os problemas de frente era a melhor coisa que eu podia fazer. E é o que estou fazendo com você e André. Amanhã, quando Francisco acordar, conversaremos com ele. Quem sabe, com a minha ajuda, ele consiga superar suas fraquezas.

Elza calou-se. Simone, percebendo a grandeza de espírito de Elza, que muito estava fazendo por ela, abriu os braços para abraçá-la, deixando suas lágrimas de gratidão caírem ao silêncio do quarto.

As duas permaneceram caladas, cada qual perdida em seus próprios pensamentos por um longo tempo. Em seguida, foram para seu quarto, pois Elza teria um longo dia pela frente.

Francisco abriu os olhos lentamente e tornou a fechá-los. A luz do dia incomodou suas vistas, fazendo-o sentir uma forte dor de cabeça. Mas um pensamento lhe ocorreu pela mente. Onde estaria? Esfregou os olhos com as mãos e, em seguida, tornou a abri-los, percorrendo todo o quarto com eles.

— Esse quarto me é familiar — disse a si mesmo. — Mas de quem é?

Esforçou-se para se lembrar do que lhe acontecera, mas, quanto mais tentava, mais sua cabeça doía. Decidiu levantar-se, já estava para descer da cama quando a porta se abriu e a fisionomia de Elza pôde ser vista, fazendo-o deitar-se de novo, como quem não queria acreditar no que estava acontecendo.

Ela, ao ver a reação dele, adentrou o local, dizendo:

— Bom dia, Francisco! Não precisa ficar assustado. Sou eu mesma. Ontem, ao sair do hospital, te encontrei caído e o trouxe pra cá.

Francisco abaixou os olhos. Estar diante daquela mulher que amava naquela situação humilhante o deixava ainda mais contraído. Procurando se justificar, disse em tom quase sussurrando:

— Eu não me lembro do que aconteceu. Devo ter passado mal. Obrigado por ter me ajudado!

— Você não se lembra ou não quer se recordar?

— Eu não me lembro mesmo.

— Eu encontrei você próximo a um bar. Pelo cheiro de bebida alcoólica que vinha de sua boca, não precisa ser adivinho para saber onde você estava e o que fazia.

Francisco ficou pensativo. Era certo que bebera demais a noite inteira e Elza estava ali a lhe cobrar por suas atitudes. Após alguns minutos de meditação, comentou:

— É. Acho que bebi um pouquinho a mais ontem. Deve ter sido por isso, mas já estou bem. Agora preciso ir embora.

Francisco levantou-se, foi ao banheiro fazer sua higiene pessoal, procurou melhorar a fisionomia. Em poucos minutos foi à cozinha atraído pelo cheiro do café que Elza estava coando, sentando-se em uma cadeira. Pôs-se a olhá-la, sem nada a dizer. Em poucos minutos Elza colocou o café na garrafa térmica e, após colocar o líquido quente em duas xícaras, lhe ofereceu uma e disse em tom amigável.

— Não sei se você sabe o que aconteceu com André, mas...

— Eu sei. Encontrei com Meire há um tempo. Você sabe que gosto muito de seu filho e sempre pergunto dele para ela — interrompeu Francisco, procurando poupá-la do assunto.

— Bem... Já que sabe, André está internado em uma clínica para viciados em drogas. Simone não foi com ele, pois tem o filho pra cuidar, mas ela faz parte de um grupo que ajuda dependentes químicos. Estive pensando, sabe, se você for assistir a uma reunião, tenho certeza de que vai gostar.

— Espere aí! Você está insinuando que eu sou um viciado, um bêbado? Não é porque me achou passando mal em uma calçada e me ajudou que vai falar assim comigo! — respondeu Francisco, com a face ruborizada.

— Não estou querendo te ofender, Francisco. Desejo ajudá-lo. Você pode não saber ou não querer admitir, mas você é um dependente químico, e isso é uma doença. Não se sinta ofendido por isso. Olhe, eu estou aqui, quero te apoiar e te ajudar. Você pode se recuperar e deixar esses vícios.

Francisco levantou-se rapidamente. Não ficaria naquela casa nem mais um segundo. Sentiu-se humilhado. Onde se viu ser chamado de viciado. A esse pensamento, trincou os dentes, dizendo:

— Eu vou embora. Por favor, abra a porta.

Elza acompanhou-o até a porta. Após abri-la, deu passagem para Francisco, que saiu sem olhar para trás, fechando-a em seguida.

Francisco andava rapidamente, olhos esbugalhados de ódio.

— Quem ela pensa que é para falar assim comigo? Onde se viu querer me comparar com André. Ele sim é viciado em drogas, eu não. Só porque gosto de tomar um drinque no final da tarde, não significa que sou alcoólatra.

Com esses pensamentos, Francisco parou em um barzinho que viu a algumas quadras da casa de Elza. Entrou no local, estava irritado demais e precisava tomar algo para se acalmar. Em poucos minutos, o balconista do local aproximou-se:

— Bom dia! Pois não!

— Oi! Por favor, me vê uma com limão.

O rapaz olhou para o relógio. Ainda não eram oito horas da manhã e a maioria de seus clientes naquele horário pediam café e média quentes. Poucos pediam bebidas alcoólicas naquele horário e os poucos eram fregueses mais assíduos do local que passavam quase o dia inteiro tomando uma e outra. Mas serviu Francisco, que após agradecer-lhe, tomou um gole da bebida, sentindo-se bem melhor.

Então foi atender a um cliente que lhe pediu um café. Era Ronaldo, que, ao ver Francisco bebendo, reconheceu-o indo ao seu encontro, dizendo:

— Olá, Francisco, meu amigo! Há quanto tempo!

Francisco espantou-se. Há anos não via Ronaldo. Ao olhá-lo de cima a baixo, respondeu:

— Ronaldo, mas que saudades! O que faz da vida?

— O de sempre. Trabalhando bastante.

— Você está morando por aqui?

— Não! Na verdade, eu vou visitar uma amiga que mora a algumas quadras daqui. Decidi parar aqui antes e tomar um café. Você sabe, ainda está muito cedo para fazer visitas. Assim tomo um café enquanto as horas passam. E você? Pelo jeito está animado, tomando uma bebida mais forte logo cedo.

— É, rapaz! É para passar o nervoso. Eu acabei de brigar com minha ex-namorada e, você sabe, a bebida acalma.

— Sei...

— Bem, Ronaldo. Foi um prazer revê-lo, mas agora tenho que ir andando. Qualquer dia desses, passo em seu escritório pra gente conversar.

Ronaldo despediu-se de Francisco, que, após pagar a bebida, saiu do local, desaparecendo pelas ruas, deixando Ronaldo pensativo enquanto tomava seu café sossegadamente.

XVII

Ajuda inesperada

Caía a noite quando Ronaldo chegou na casa de Elza, que o recebeu amigavelmente, fazendo-o entrar e sentar-se no sofá. Ao vê-lo acomodado, Elza perguntou:

— Estou curiosa. Você falou ao telefone que tinha um assunto urgente. O que aconteceu? Alguma coisa com André?

— Não, não! A última notícia de que fiquei sabendo a respeito de André eu já lhe disse. Ele vai indo muito bem. Na verdade eu vim aqui conversar sobre Francisco.

— Francisco? Como ficou sabendo que ele veio aqui?

— Ele me disse. Antes que me pergunte, vou lhe responder. Hoje de manhã eu estava vindo pra cá, queria tentar conversar com a Zélia e parei para tomar um café em um barzinho aqui perto. Foi quando reconheci Francisco. Ele estudou comigo no colegial. A princípio não liguei a sua relação com ele, mas, ao questioná-lo, ele disse que havia discutido com a ex-namorada. Ele estava tomando uma pinga com limão para se acalmar, segundo ele. Eu acabei ligando os dois. E agora você me confirmou.

— Meu Deus, que mundo pequeno!... É, ontem à noite eu o encontrei jogado e o trouxe pra cá, então hoje de manhã, ao conversar com ele, tentei fazê-lo procurar ajuda, mas foi em vão. Ele não admite que é alcoólatra. Eu quero ajudá-lo, mas não sei o que fazer.

Elza calou-se. Olhou para Ronaldo, que estava pensativo, e decidiu ir passar um café. Pediu licença para o amigo e foi à cozinha. Quando voltou à sala, trazia uma bandeja com o café e algumas bolachas. Após servir o amigo, sentou-se novamente.

Ronaldo, após servir-se de um gole do líquido quente, comentou:

— Eu andei pensando. Amanhã é dia de sessão na casa do doutor Oswaldo. Quem sabe os espíritos nos deem algumas dicas de como proceder. O que acha?

— Bem... Você sabe que ainda estou um pouco relutante em aceitar a presença dos espíritos. Ultimamente venho tendo muitas provas de que realmente há espíritos bons, evoluindo, e outros atrasados e ignorantes, mas não sei...

— Não sabe o quê? Elza, sei que é muito mais fácil querer não acreditar em espíritos, pois o contrário faz com que você assuma toda a responsabilidade sobre seus atos, uma vez que a alma é eterna e terá que prestar contas a si mesma de como age em sua vida, e isso é difícil aceitar.

— Eu sei, é exatamente por essa fase que estou passando, a de assumir meus erros, e é muito difícil ver que se erra e admitir isso. Façamos assim, amanhã você me pega que vou com você à reunião dessa vez.

— Gostei de ver — disse Simone ao entrar na sala com o filho no colo. — Desculpe-me! Eu acabei ouvindo o final da conversa de vocês sem querer.

— Eu não te desculpo, a menos que deixe eu segurar Bruninho! — brincou Ronaldo, ao estender os braços para pegar a criança, que Simone passou para os braços do amigo sem demora.

Elza, ao ver a moça fazer menção de afastar-se, disse:

— Não precisa sair. Eu e Ronaldo não estamos falando nada que não possa ouvir. Sente-se conosco.

Simone sentou-se ao lado da amiga, que lhe fez um carinho nos ombros, comentando com Ronaldo:

— Simone já é uma filha do coração. Se não fosse ela, nem sei o que seria de mim sozinha nesta casa.

— Eu acho que nesse caso a recíproca é verdadeira. Vejo brilho nos olhos de Simone ao lhe falar, mas... Diga-me, Simone, seus pais já conheceram o neto?

— Minha mãe vem aqui de vez em quando escondida de meu pai. Ela diz que ele não quer me ver nem pintada de ouro, mas que no fundo sente minha falta.

— Deve sentir mesmo. Eu não tenho filhos, mas posso imaginar a falta que deve fazer a presença de um na vida de um pai. Mas não deve se preocupar. Tenho certeza de que seu pai ainda vai lhe procurar.

— Minha mãe diz o mesmo. Eu fico pensando mesmo é em Bruninho. Ele só tem a mim, o pai desencarnou, a avó materna nem quer ouvir o nome dele, meus pais tentam não se importar muito. Elza está sendo uma mãe para mim e uma avó para ele.

— Você não deve pensar assim. A vida é amiga e, se ela te aproximou de Elza, algum motivo teve para isso. Sem contar que os laços sanguíneos perecem em nossa vida, mas a nossa verdadeira família é a espiritual, muito maior do que podemos imaginar, e é constituída pelos laços de afinidade, onde o amor de um pelo outro é puro e verdadeiro. Quantas famílias estão desestruturadas, uns com ódio de outros, brigando por qualquer coisa? A verdadeira família é a que se ama e se compreende mutuamente.

Ronaldo calou-se ao ver que tanto Elza quanto Simone se comoveram com suas palavras. Achando que já havia falado demais, entregou Bruninho para Simone, dizendo:

— Bem. A conversa está ótima, mas sinto que chegou minha hora de ir embora. Elza, acompanha-me até a porta?

Elza levantou-se. Ronaldo, após dar um beijo em Simone e outro em Bruninho, saiu do local deixando todos na casa pensando em suas próprias vidas e em seus amigos espirituais.

Ronaldo chegou na casa de Oswaldo acompanhado de Elza. Após se fazer ouvir, foi recebido alegremente por ele, que, ao ver Elza, cumprimentou-a dizendo:

— Fico feliz por vê-la aqui em minha casa. Fiquem à vontade! A reunião começará em alguns instantes.

Oswaldo indicou a cadeira onde os dois se sentariam. Elza, ao se ver acomodada, comentou em tom baixo:

— Você tem certeza de que eu poderia assistir à reunião? Nós nem perguntamos nada a Oswaldo.

— Ora, minha querida! Oswaldo é nosso amigo, ele vive insistindo para você vir às reuniões. Não sei por que a preocupação.

— É bobagem minha. Estou com vontade de sair correndo daqui.

— Fique calma. Às vezes pode ter algum espírito que não quer que você peça auxílio aos mentores e fica fazendo de tudo para você desistir e ir embora, mas, assim que começar a sessão, isso passa.

Ronaldo calou-se, fechou os olhos e procurou entrar em sintonia com a música suave que pairava no ar do local. Em poucos instantes as luzes se apagaram, ficando só uma luz azul no fundo da sala. Oswaldo pronunciou algumas palavras e, após ler um trecho do Evangelho Segundo o Espiritismo, deu início aos trabalhos.

Logo um médium suspirou profundamente. Oswaldo levantou-se, indo em direção ao médium, e colocou a mão em sua testa, dizendo:

— Boa noite, amigo!

O médium deu um murro na mesa, dizendo em seguida, com uma voz rouca:

— Malditos sejam! Eu odeio vocês.

— O ódio é um sentimento perigoso. Ele destrói quem dele se alimenta. Você já pensou nisso?

— Não. Eu só quero ir embora daqui. Soltem-me!

— Nós vamos soltá-lo. Nesta casa não prendemos ninguém. Trabalhamos sempre com o livre-arbítrio. Quem quiser ajuda será ajudado, quem não quiser poderá ir embora. Nós só o trouxemos porque você estava influenciando uma pessoa, que está aqui dentro, a sair de nossa casa.

— Eu não queria que ela viesse aqui. Eu sei o que ela quer. O que ela quer é me destruir, mas isso eu não vou permitir. Francisco está sob meu domínio, entendeu?! E ninguém vai tirá-lo de mim.

— Tudo bem, você é quem sabe. Mas não se esqueça de uma coisa: todo ser humano tem o livre-arbítrio, o direito de escolher que caminho quer seguir, e você não pode tirar esse direito dele, mesmo porque a vida é sábia e sempre age em prol do bem.

— Deixe desse papo furado! Eu fui pago para afastá-lo dessa mulher e vou continuar a trabalhar.

O médium suspirou profundamente. Oswaldo, após se certificar de que o médium passava bem, voltou ao seu lugar, fechou os olhos e em poucos minutos uma voz tranquila começou a ser ouvida por todos.

— Boa noite a todos. Eu vim aqui hoje para falar de alguns dos casos que estamos cuidando. O primeiro é o dos jovens que se envolveram com o grupo de Celso. Graças à ajuda de vocês, estamos conseguindo pouco a pouco entrar no grupo deles. Já existem alguns espíritos pensando em suas atitudes, refletindo sobre suas vidas e percebendo o quanto estão sofrendo por não quererem mudar. Peço a todos que continuem em oração para que possamos livrar alguns espíritos da fúria maligna de Celso.

Outro caso que devemos ressaltar é esse relato que acabamos de ouvir. Esse espírito foi pago para atrapalhar a vida de um casal. Ao aproximar-se de Francisco, percebeu que ele tinha uma tendência ao uso de álcool, aproveitando-se disso para conseguir seu intuito, mas também estamos olhando por eles. Hoje conseguimos plantar coisas boas em seu coração, o que já é um bom passo, mas devemos continuar orando e vigiando para que tudo termine bem. Que Deus esteja com todos vocês! Boa noite!

Oswaldo calou-se. Quando abriu os olhos, fez uma bela prece agradecendo a presença e a ajuda dos bons espíritos, encerrando a reunião.

Quando as luzes se acenderam, Ronaldo olhou para Elza, que estava imóvel, com o olhar perdido no espaço. Os convidados de Oswaldo aos poucos foram saindo do local. Em pouco tempo só restaram os três na sala. Oswaldo, ao ver Elza ainda sentada, estática, sentou-se ao seu lado, dizendo:

— Sei o que você está pensando. Não se preocupe! Vai dar tudo certo.

— Aquele espírito. Ele... Ele disse que foi pago para separar Francisco de mim, mas por quê? Quem pagou o quê?

— Bem, essa é a primeira vez que esse espírito vem em nossa casa. O que eu sei, segundo o que meu mentor me contou, é que ele recebeu uma oferenda em uma encruzilhada para afastar Francisco de você. Agora, por quem não sabemos. E acredite! Isso é o de menos, uma vez que a vida se encarrega por si só de ensinar quem mandou esse espírito que não se deve querer manipular a vida de ninguém.

— Meu Deus! Isso é loucura. Então estamos à mercê do que os espíritos querem, é assim? Nós fazemos o que eles desejam?

— Não, Elza. Não é assim. Um erro frequente que acontece com muitas pessoas que procuram se comunicar com os espíritos é achar que tudo é possível, que é só pedir e o espírito realiza o desejo, o que não é verdade. Os espíritos evoluídos respeitam o livre-arbítrio e só. Fazem pelo próximo aquilo que não interfere nos desígnios divinos. Os espíritos atrasados já agem de forma contrária, fazem o que for para atingirem seus objetivos, só que eles se esquecem de que nada acontece sem a presença de Deus, que tudo vê.

— Certo, mas por que Deus deixou esse espírito me separar de Francisco?

— Ora, Elza! Não foi o espírito que te separou de Francisco. Ele simplesmente descobriu o ponto fraco de Francisco, que é a tendência ao uso de bebida alcoólica, e o seu, que é a repulsa por viciados. Assim, ele uniu o útil ao agradável. E quem terminou com Francisco foi você e não Deus.

— Exatamente, Ronaldo! A escolha foi sua, Elza.

Oswaldo calou-se. Elza, ao ver que os dois a fitavam sem nada a dizer, levantou-se dizendo:

— Vocês têm razão. Eu preciso pensar em tudo isso calmamente, mas agora tenho que ir. Amanhã cedo estarei de plantão.

— Eu também. Nos veremos no hospital.

Oswaldo apertou a mão de Elza e, em seguida, abraçou Ronaldo, despedindo-se dos dois, que fizeram o caminho de volta a suas casas, cada qual fechado em sua própria mente.

Bruno acordou rindo. Ao ver Cláudio e Cacá ao seu lado, perguntou:

— O que os dois estão fazendo parados, olhando para a minha cara?

Cacá olhou para Cláudio, que respondeu prontamente:

— Estamos exatamente olhando para você.

— Credo! Agora vou ter que ficar com os dois de babá. Nem quando estava vivo eu tinha uma.

Bruno riu prazerosamente. Levantou-se e pôs-se a andar de um lado para o outro. Cacá, ao vê-lo impaciente, perguntou para Cláudio em tom baixo, para que Bruno não ouvisse:

— Essa droga que Celso injetou nele é das boas. Ele está elétrico. O que vamos fazer?

Cláudio parou para pensar. Após alguns minutos de meditação, respondeu:

— Façamos assim. Vá até o astral, procure Celso e conte-lhe o que está acontecendo.

— Eu? Mas por quê? Não é mais fácil pensar nele e chamá-lo aqui?

— Seria, mas é muito arriscado. Celso não quer que os cordeiros saibam o que ele está fazendo, portanto ir até o Umbral é mais seguro.

Cacá saiu a contragosto. Detestava ir até àquelas paragens do Umbral, mas tinha que obedecer. Cláudio, ao se ver a sós com Bruno, certificou-se de que não havia mais nenhum espírito no local e o fez sentar-se, dizendo:

— Bruno, me escute! Você está sob o efeito de uma droga fortíssima criada por Celso. Ele pretende intuir os encarnados para fazer a composição química e, consequentemente, levá-la aos viciados.

— Pô! Da hora. Aposto que todos vão gostar dela.

— Eu também. O único problema é seu efeito colateral. Em pouco tempo quem a consome começa a emagrecer. Ela mata rapidamente. E o pior é que quem a usa, depois de desencarnado, corre o risco de ter seu períspirito completamente deformado. Em pouco tempo, vira um ser completamente em estado vegetativo. É isso que você quer pra você?

Bruno parou para pensar. Em segundos, tudo o que lhe aconteceu quando encarnado passou em sua mente, e o efeito da droga começou a passar. Ao sentir-se mais lúcido, respondeu:

— Eu não tenho escolha. Sinto-me fraco. E, depois, já percebi que Celso não é de brincadeira. Aliás...

Bruno parou de falar por instantes. Em seguida prosseguiu:

— Você também não é de brincadeira! Que história é essa? Você está querendo me ajudar? Por quê?

— Isso não importa. Agora me responda. Você quer se livrar de Celso?

— Isso é tudo o que quero, mas não sei como. Por acaso pensa em fugir?

— Não, e também não adiantaria.

Cláudio pôs-se a contar tudo o que tinha em mente. Quando terminou, perguntou:

— E então, você está do meu lado?

— Pode contar comigo, mas vê se faz tudo direito. Tenho até medo de imaginar o que Celso é capaz de fazer com a gente se descobrir que planejamos algo.

— Bem. Esse é um risco que temos que correr. Mas agora vamos mudar de assunto. Continue andando de um lado para o outro e fazendo coisas sem nexo, pois logo Cacá estará por aqui.

Bruno obedeceu de pronto. Em poucos minutos, Cacá estava de volta ao quarto, face fechada e olhar carrancudo. Cláudio, ao vê-lo bufando, comentou:

— Aposto que Celso o xingou, essa é a sua especialidade.

— É, xingou mesmo. E chamou-nos de incompetentes. Disse que a reação de Bruno é normal, que a única coisa que temos que fazer é cuidar para que nada saia errado.

Cláudio ia responder, mas Zélia entrou no quarto, tirando sua concentração. Ela deitou-se na cama e pôs-se a chorar. Bruno, ao vê-la, teve ímpetos de correr para abraçá-la, mas Cláudio, com o olhar, o fez lembrar-se do trato, fazendo-o perceber que não poderia agir por impulso. Ele, querendo demonstrar que entendeu o recado, pôs-se a rir descompassadamente, apontando o dedo para a mãe e dizendo palavras de escárnios, fazendo Cacá rir da situação, sem perceber que aquela cena não passava de teatro.

Cláudio sorriu interiormente. Seu plano estava começando bem, o que o fez ficar contente com a situação.

Elza sentia-se exausta. Fizera um plantão cansativo. Entrou no vestiário do hospital para trocar de roupa. Quando Meire entrou no local e a encontrou arrumada, comentou:

— Pelo jeito o seu plantão foi difícil.

— É, foi, mas o difícil está por vir. Estou indo à casa de Francisco. Vou aproveitar que ainda é cedo e pegá-lo são. Quero conversar com ele.

Meire balançou a cabeça negativamente, respondendo:

— Você ficou louca! A mãe dele vai colocá-la para fora à vassourada.

— Talvez isso até aconteça, mas vou assim mesmo. Esses dias atrás fui a uma sessão espírita na casa de doutor Oswaldo e comecei a perceber que eu também errei nessa história. E agora eu quero consertar, é um direito que eu tenho.

— Não a entendo. Vive brincando comigo quando lhe digo que fui em uma cartomante, e agora você decide frequentar um centro espírita. É demais para a minha cabeça.

Elza riu prazerosamente com a maneira com que Meire colocou a situação, respondendo em seguida:

— As sessões espíritas têm como objetivo ajudar tanto os encarnados como os desencarnados, nos ensinando a mudar as nossas atitudes e melhorarmos como seres humanos, e não para saciar curiosidades fúteis sobre o futuro, se é que você me entende.

— Hum! Vejo que até defende o espiritismo. Pelo jeito, vai começar a frequentar as sessões espíritas toda semana.

— Pretendo, ao menos que eu esteja de plantão. Mas vamos deixar esse assunto para outro dia. Estou terminando o meu plantão e você está começando o seu. Até mais!

Elza saiu do vestiário rapidamente. Bateu seu cartão de ponto. Saindo do hospital, pegou um táxi e, após indicar ao chofer o bairro e a rua onde desejava ir, pôs-se a pensar em sua vida. Sabia que ajudar Francisco não seria nada fácil, mas tentaria de tudo para tirá-lo do vício do álcool. Não erraria de novo. A vida estava lhe dando uma lição e aprender era o que mais lhe interessava.

Em pouco mais de meia hora o chofer parou o carro em frente a casa. Elza, após pagar pela corrida, saiu do automóvel, respirou fundo e caminhou lentamente até a porta, onde, após apertar a campainha, pôde ver a figura altiva de Fausta, que, ao vê-la, mediu-a de cima a baixo, perguntando com desdém:

— O que você quer?

— Eu preciso falar com Francisco. A senhora poderia chamá-lo? — respondeu Elza, procurando dissimular o nervosismo.

Fausta pensou em xingá-la. Era muito atrevimento de Elza bater em sua porta logo pela manhã, atrás de Francisco que nem sequer tocava em seu nome. Pensou em dispensá-la, mas o mais sensato que tinha a fazer era deixá-la entrar, respondendo com voz austera:

— Entre! Ele ainda está deitado. Vou ver se ele quer recebê-la.

Elza entrou na sala. Fausta foi em direção ao quarto do filho, sem sequer convidá-la a se sentar. Após alguns segundos, voltou, dizendo:

— Sente-se aí no sofá e espere, que ele logo virá!

Elza sentou-se constrangida. Fausta, sem tirar os olhos da moça, sentou-se à sua frente, fitando-a com um olhar faiscante. Em poucos minutos, Francisco adentrou o local. Elza, ao vê-lo, foi logo falando:

— Desculpe vir a sua casa em hora imprópria, mas é que preciso falar com você.

— Tudo bem! Eu já estava para levantar mesmo.

Francisco sentou-se. Ao perceber que Elza estava sentindo-se incomodada com a presença de sua mãe, olhou para ela dizendo:

— Eu gostaria de conversar a sós com Elza, mãe. A senhora poderia nos deixar a sós?

Fausta levantou-se e saiu, deixando os dois sozinhos na sala. Foi até a cozinha, ficando escondida em um canto sem fazer barulho, para poder ouvir o que os dois estavam conversando.

Elza, ao se ver a sós, pôs-se a falar:

— Eu queria lhe pedir desculpas. Não queria lhe ofender naquele dia em minha casa.

— Tudo bem, já passou! Se foi por isso que veio até aqui, não precisava.

— Não, não foi só para isso que vim aqui. Eu andei pensando muito em minha vida. Eu sei que agi errado com você, fui taxativa e intolerante, não respeitei seus pontos fracos e dei um ponto final em nossa história, só pensando em mim mesma. Por egoísmo, achei que terminando nosso compromisso eu não teria mais problemas. Esqueci-me que, quando gostamos realmente de alguém, temos que respeitar a pessoa como um todo, com suas qualidades e defeitos, e isso eu não fiz. Pensei apenas nas coisas boas de estar ao lado de alguém e, quando percebi que nem tudo era perfeito, simplesmente o descartei... E estou arrependida.

Francisco olhava para o infinito, desejando encontrar algo que estava perdido em seu íntimo. Ao ver Elza calar-se, decidiu falar o que estava em seu coração:

— Você está arrependida? Sabe o que acho engraçado? Quando eu a conheci, nós trabalhávamos no hospital, eu olhava para você, sempre atenciosa com todos. Muitas vezes, vi você ficar penalizada com a situação de um ou de outro, tanto é que levou para casa uma garota com quem você mal havia trocado duas palavras.

E foi por essa mulher que eu me apaixonei, mas infelizmente eu descobri que você não é compreensiva e estava longe de ser a mulher humanizada que eu pensava ter conhecido. Você diz que eu sou alcoólatra? Pode até ser. Mas e daí?! O que você quer? Bancar a boa samaritana que vai tentar me ajudar a livrar-me do vício? É isso? Responda-me!

Elza baixou a cabeça. As duras palavras de Francisco fizeram-na sentir-se mais culpada. Pensou em levantar-se e ir embora, mas não se deixou abater. Levantou a cabeça, dizendo em tom firme:

— Eu sei que errei e que você está certo, mas não vou carregar sozinha a culpa pela nossa separação. Eu errei, você errou. O que eu quero que saiba é que esses dias fui a um centro espírita e lá me disseram que um espírito ignorante foi pago com oferendas para nos separar, e que esse espírito está lhe obsediando. Mesmo que você não acredite, eu me senti na obrigação de lhe avisar. E quero lhe falar também que, caso você precise de qualquer coisa, estarei à sua disposição sempre.

Elza levantou-se. Francisco permaneceu calado, tentando digerir o que acabara de ouvir. Após meditar um pouco, levantou-se do sofá dizendo:

— Bem. O recado está dado e eu lhe agradeço por isso. Se um dia eu precisar, a procuro.

Elza não respondeu. Caminhou até a porta da rua, que Francisco fez questão de abrir para ela sair. Ao vê-la sumir de suas vistas, voltou para a sala, onde jogou seu corpo no sofá. Fausta, que ouvira toda a conversa, voltou à sala carregando uma bandeja com duas xícaras de café. Após olhar para os lados, perguntou em tom dissimulado:

— Onde está Elza? Eu trouxe um café para vocês.

— Não precisa mais, mãe. Ela já foi embora. Jogue o café fora.

Fausta voltou à cozinha. Por instantes sentiu o coração disparar. Elza falou claramente que foi a um centro espírita e que já estava sabendo o que ela teria feito.

— Mas será que ela sabe também que fui eu a mandante do trabalho? Não, na certa ela não sabe, senão ela teria falado para Francisco. Ela não perderia a oportunidade de colocá-lo contra mim. E, depois, morro negando — disse Fausta a si mesma.

Decidida a sondar os pensamentos do filho, voltou à sala, sentou-se a seu lado e, após lhe fazer um carinho no rosto, comentou:

— Elza o deixou triste. Pena que vocês não se acertaram. Quando a conheci, eu a achei tão boa moça!

— Ela não é uma má pessoa, gosto dela. É uma pena sermos tão diferentes. Nunca daria certo.

— Ela veio aqui tentar se reconciliar com você, foi isso?

— Não. Acho que ela queria colocar cada coisa em seu lugar. Nós terminamos praticamente sem conversar. Ela simplesmente terminou o namoro e agora, depois de tanto tempo, veio tentar se justificar. É isso. Agora, me dê licença, pois vou sair. Essa história me deixou com a boca seca.

Francisco levantou-se e saiu, deixando Fausta cuidando de seus afazeres, preocupada com o rumo que sua vida estava tomando. Pôs-se a pensar em uma maneira de resolver aquela situação de uma vez por todas.

E, com esses pensamentos, pôs-se a cuidar do almoço e de sua casa.

XVIII

O RESGATE SE APROXIMA

Cláudio chegou à fortaleza de Celso rapidamente. Deixara Bruno com Cacá a pedido de Celso, que, ao vê-lo entrar, mediu-o de cima a baixo, dizendo:

— Eu o chamei aqui porque precisarei de você. Hoje fiquei sabendo que Guilherme planeja retirar alguns rapazes daqui e, consequentemente, pegar Bruno na casa de Zélia, já que o moleque é o maior interesse dele. Precisaremos nos precaver.

— Você não acha melhor entregar Bruno para Guilherme? Eu já falei que essa vingança contra Guilherme vai nos prejudicar. E, depois, eu acho que Bruno já sofreu bastante em nossas mãos.

— Nunca! Eu jurei que me vingaria de Guilherme através de Bruno, que é seu ponto fraco. Agora que estou prestes a conseguir meu intuito, você quer entregá-lo em uma bandeja para o bonzinho do Gui? — respondeu Celso, trincando os dentes.

Cláudio, ao ver o amigo nervoso, decidiu contemporizar, dizendo:

— Está bem! Não está mais aqui quem falou. O que você quer que eu faça?

— É simples! Você vai continuar ao lado de Bruno. Eu não posso sair daqui, pois preciso estar preparado para Guilherme. Ele vai ver de uma vez por todas quem eu sou!

Celso deixou Cláudio e saiu da sala, voltando em poucos minutos com um pequeno pacote contendo um frasco de droga líquida, agulha e seringa. Deu nas mãos de Cláudio, que, após avaliar o conteúdo com os olhos, perguntou surpreso:

— O que quer que eu faça?

— É simples. Esse líquido é a nova droga que estou testando em Bruno. O que tem aí é suficiente para quatro doses. Aplique uma por semana no imbecil do Bruno e só.

— Está certo! Mais alguma coisa?

— Não! Faça só o que mandei. Agora vá e peça ao Cacá para vir até aqui. Preciso falar com ele também.

Cláudio saiu e algum tempo depois chegou à casa de Zélia com um sorriso nos lábios. Cacá, ao vê-lo com ar alegre, perguntou abismado:

— Nossa! É a primeira vez que vejo alguém que acaba de falar com Celso aparecer com um sorriso nos lábios.

— Estou contente, pois Celso pela primeira vez está confiando em mim, é só isso — disfarçou Cláudio, tentando esconder o real motivo de sua alegria.

Cacá, sem entender nada, respondeu:

— Sorte sua! Celso deve estar pirando. Melhor pra mim.

— Se é melhor, não sei. O que sei é que ele mandou você ir pra lá agora.

— Eu? Ah não! Eu já vi que vai sobrar pra mim.

Cláudio deu uma risada das lamúrias do rapaz, que, sem perder tempo, levitou, deixando Cláudio a sós com Bruno, que dormia. Cláudio, após ter certeza de que estava a sós com o rapaz, o fez acordar, dizendo:

— Acorde, Bruno! Eu preciso falar com você agora.

Bruno acordou assustado. Cláudio, ao vê-lo de olhos abertos, foi logo dizendo:

— As coisas estão começando a dar certo. Guilherme está para tirar alguns rapazes de Celso, que, ao saber dos planos de seu inimigo, não poderá deixar sua fortaleza.

— Quem é Guilherme? — perguntou Bruno, ainda sonolento.

— Isso não importa. Agora, o que interessa é que eu estou incumbido de lhe aplicar as drogas. Celso quer destruí-lo a todo custo e sua ambição o fez confiar em mim.

— Tá! Mas e daí? Você acha que Celso não dará um jeito de saber se você aplicou ou não as drogas em mim?

— Claro que vai! Ele até chamou Cacá. Creio que lhe dará ordens para ficar de olho em nós. Celso confia desconfiando, mas sou mais esperto. Quando saí da reunião, dei um jeito de trocar a droga por um remédio que não vai lhe causar nenhum dano ao seu corpo fluídico. O que pode acontecer é você dormir um pouco mais. Agora lembre-se, sempre que estiver acordado, finja estar doidão. Não esqueça.

— Está certo! Mas por que não aproveitamos que Cacá saiu para fugirmos?

— Ainda não chegou o momento apropriado e, depois, pretendo levá-lo conosco. Ele já está quase do nosso lado. Não seria justo abandoná-lo à própria sorte. Agora descanse.

Bruno deitou-se e logo estava dormindo novamente. Quando Cacá chegou, encontrou Cláudio encostado em um canto do quarto. Como ele não esboçou nenhum interesse em saber o que ele e Celso conversaram, Cacá pôs-se a falar:

— Celso me deu ordens para ficar aqui direto. Ele não me explicou nada, estava extremamente irritado e agora eu estou preocupado.

— Preocupado com o quê?

— Celso está histérico com a possibilidade de esse tal de Guilherme atrapalhar os seus planos. O que me deixa preocupado é o fato de sermos prejudicados com isso, esse cara deve ser barra pesada. E se ele quiser nos escravizar?

Cláudio riu prazerosamente, antes de lhe responder:

— Quem? Guilherme? Não, esse não é seu estilo. Mas nós estamos em uma sinuca de bico, pois temos que obedecer a Celso e ficar aqui. Se Guilherme resolver aparecer para levar Bruno, estaremos encrencados.

— Por que esse cara quer levar Bruno?

Cláudio ficou parado, olhos perdidos no espaço. Pensou em contar-lhe a história toda, mas não sabia se podia confiar de fato no rapaz, então procurou desconversar.

— É uma longa história, que não vem ao caso neste momento. O que importa é que você tem três opções. A primeira é continuar fiel a Celso, que pode ser mais perigoso do que parece; a segunda é ficar na sua e ver no que isso vai dar; a terceira é passar para o lado de Guilherme.

— Pô! Só tenho essas opções? Você, pelo que sei, está no mesmo barco que eu.

— Estou, mas já fiz minha escolha.

— E posso saber qual foi?

— Espere e verá! Agora me deixe quieto, tenho que pensar.

Cacá calou-se. Cláudio, a cada dia que passava, estava mais estranho. O jeito era pensar em como salvar a própria pele. Olhou para Bruno, que dormia tranquilamente, e pôs-se a observá-lo, sem comentar nada ao companheiro do infortúnio.

Zélia estava deitada no sofá da sala quando a campainha soou. Pensou em não atender. Na certa era alguém querendo vender enciclopédias. Logo se cansaria de apertar a campainha e desistiria, pensou.

Ao ouvir o barulho insistente da campainha, deu-se por vencida e decidiu se levantar para ver de quem se tratava. Ao abrir a porta, deparou-se com a figura de Ronaldo, que, ao vê-la com ar de poucos amigos, foi logo dizendo:

— Eu já sei. Você não quer falar com ninguém, mas mesmo assim eu posso entrar?

— Não sei o que tanto quer falar comigo. Vai dizer as mesmas coisas de sempre. Mas, o conhecendo bem, sei que vai falar do mesmo jeito, então entre.

Ronaldo entrou na casa. Logo um frio na espinha o acometeu. Os cômodos escuros, o cheiro de mofo, demonstravam que a casa há muito não sabia o que era a luz do sol. Procurou não demonstrar seus pensamentos, sentando-se no sofá e pondo-se a falar:

— Eu vim aqui para lhe fazer um convite. Que tal ir comigo ao centro espírita na próxima semana?

Zélia balançou a cabeça negativamente. Rindo em zombaria, respondeu:

— Ora, Ronaldo, faz tempo que venho atendendo suas visitas inconvenientes e ouvindo seus conselhos, mas hoje você se superou. Acha que vou começar a frequentar um centro espírita e que passarei a acreditar em vida após a morte, e todos os meus problemas se dissiparão, viverei feliz para sempre, tendo certeza de que Bruno está estudando em alguma escola no além? Não é isso? Eu já li vários depoimentos de mães que sempre dizem isso, mas comigo não. Não vou camuflar minha dor com essa crença de jeito nenhum.

— E quem lhe disse que quero que você camufle sua dor? Você caçoou dos depoimentos que leu de mães que, como você, perderam seus filhos por vários motivos. Mas em que isso vai lhe ajudar? Passar a viver vegetando, chorando o tempo todo, de mal com você e com o mundo é melhor? Olhe para você, olhe para esta casa, Zélia! Deixe de ser mimada! A vida está lhe dando uma oportunidade de crescer, ampliar seus horizontes e ser feliz.

— Não entendo essa mania de ver a vida: "Se o destino lhe der um limão, em vez de esfregá-lo nos olhos, faça uma limonada". Isso é utópico. Na vida real não funciona.

— Pena que pense assim. Enquanto fica aqui se matando aos poucos, o mundo está caminhando. As pessoas estão lá fora, sujeitas ao sol e a chuva, mas estão vivendo. Eu não deveria, mas vou lhe falar. Seu filho está vivo no astral, nas mãos de uma organização que se aproveita de usuários de drogas para escravizá-los e viciá-los ainda mais. Pense nisso! Você não conseguiu fazer Bruno sair do mundo do tóxico enquanto encarnado e a vida está lhe dando mais uma chance de ajudá-lo agora no astral. Por que Deus é amor e sempre concede novas chances aos seus filhos, pense nisso.

Zélia esboçou um riso nervoso ao responder:

— Vou pensar em todas essas bobagens. Agora, se me der licença, quero descansar.

Ronaldo levantou-se. Fizera mais uma vez sua parte. Agora caberia a Zélia a decisão. Fechou os olhos e fez sentida prece, pedindo aos bons espíritos para iluminar a mente de Zélia e aquele lar. Em seguida saiu mudo, sem que Zélia sequer saísse do sofá onde estava sentada para levá-lo até a porta.

Cacá, que ouvia toda a conversa, ao ver Ronaldo ir embora, voltou ao quarto de Bruno e encontrou Cláudio meditando. Interrompendo-o, disse:

— Estamos fritos!

Cláudio olhou para o rapaz, que estava com a face pálida. Sorriu com o canto dos lábios, era a primeira vez que via Cacá tão temeroso, decidindo acalmá-lo, comentando despreocupadamente:

— Relaxa! Eu ouvi a conversa daqui. Ronaldo é astuto, sabe o que faz. Zélia, em pouco tempo vai parar para pensar no que ele falou e, se ela aceitar a ajuda dos bons espíritos, nossa estadia aqui estará com os dias contados.

— E você fala isso com essa calma? Temos que fazer alguma coisa. Celso terá que nos ajudar.

— Eu vou te explicar mais uma vez. Celso não pode fazer mais nada. Se ele sair do seu castelo dos horrores,

Guilherme o invade e bye bye décadas de trabalhos. E nós estamos sozinhos, dependendo do que Zélia decidir, e nada vai adiantar influenciá-la, pois tem um dos bons ao seu lado. Se tentarmos algo, eles não deixarão. A decisão será dela.

— Essa é boa. Eu vou ter que ficar esperando o que essa maluca vai decidir com a sua vida. Não me faltava mais nada.

— Se você quiser ir embora, pode ir. Eu não vou impedir.

Cacá suspirou fundo. Estava aflito demais. Talvez ir embora fosse a alternativa mais sensata. Decidido a sair de uma vez por todas daquele pesadelo, olhou para Cláudio, dizendo:

— Eu vou embora, não ficarei aqui mais nem um minuto.

— Certo, mas vai pra onde? Celso ordenou que ficasse aqui. Ficar perambulando pelas ruas pode ser perigoso, pois muitos não gostam de Celso e consequentemente não gostam de nós também.

Cacá sentou-se. Uma onda de sentimentos contraditórios invadiu o seu ser. Sentiu-se perdido, desamparado, como nunca havia sentido antes. Em segundos, um flash de sua vida passou em sua mente. Lembrou-se de sua adolescência, antes de se envolver com o tóxico. Tinha uma vida pacata, queria estudar biologia, ser biólogo era o seu sonho, mas, desde que fora apresentado à maconha, tudo mudara. Não era mais o rapaz inteligente e esperto de antes. Estava sempre em estado depressivo quando não se drogava, e, quando o fazia, ficava rindo à toa como um tolo.

— Que idiota que fui, como me tornei ridículo com as drogas! E eu que chamava quem não usava drogas de careta. Careta sou eu que me fiz de joguete do tóxico, me deixando levar por Celso e seu bando — pensou Cacá, ao deixar que lágrimas brotassem de seus olhos.

Cláudio olhava para o rapaz, sem nada dizer. Sabia o que o jovem estava sentindo. Nos últimos tempos estava tendo os mesmos pensamentos e sentimentos, com uma diferença. Cacá se deixou escravizar há poucos anos e ele já estava ao lado de Celso, preso em seus próprios atos e pensamentos negativos há longas décadas.

Com esses pensamentos, levantou-se. Aproximou-se de Cacá, passando suas mãos sobre sua face. Olhou em seus olhos, dizendo:

— Nós vamos sair dessa. Tudo bem? Só precisamos esperar o momento certo. Confie em mim!

Cacá balançou a cabeça positivamente. Sentiu-se seguro com a atitude de Cláudio, que estava se tornando um pai para ele naquele momento de sua vida.

André lia um livro sentado em um banco do jardim da clínica em que estava fazendo tratamento, quando sentiu sua cabeça rodar. Uma leve sonolência o abateu, fazendo-o fechar os olhos. Sentiu seu espírito sair de seu corpo carnal de forma sutil. Quando deu por si, estava na casa de Bruno, em seu quarto. Ao vê-lo dormindo, espantou-se.

Cacá, que estava no quarto, ao lado de Cláudio, perguntou aflito:

— O que você está fazendo aqui?

— Cacá? — perguntou André, aflito, ao ver o amigo e outro rapaz ao lado de Bruno, sem entender nada do que estava acontecendo.

Olhou para si mesmo. Estava de fato no quarto de Bruno. Viu um longo cordão prateado em seu umbigo e lembrou-se de ter lido algo sobre viagem extrassensorial, onde o espírito, uma vez livre do corpo material, poderia ir aonde quisesse.

Surpreso com a situação, pôs-se a falar:

— Caramba! Eu estou aqui mesmo. O que está acontecendo?

Cacá não lhe respondeu. Abraçou o amigo. Aquilo era um presente de Deus. Ver André, poder lhe falar sobre tudo o que estava se passando era maravilhoso. Em poucos minutos, contou tudo ao amigo, que o ouvia atentamente. Ao terminar sua narrativa, sentiu-se leve. André, após pensar sobre o que acabara de ouvir, comentou:

— Bem, vocês estão em uma situação difícil. Acho bom vocês começarem a rezar.

— Rezar? Mas eu nem me lembro como é que se faz isso.

— Ora, Cacá! É muito simples. Não precisa dizer palavras decoradas. Fale com Deus com o seu coração. Peça perdão pelos atos errados e deseje melhorar. Tenho certeza de que fazendo isso tudo sairá bem...

André ia prosseguir, mas desapareceu da frente dos rapazes como num passe de mágica. Em segundos, estava de volta ao seu corpo. Abriu os olhos lentamente, assustando-se ao ver Armínio à sua frente, que, ao vê-lo pálido, questionou:

— Você está bem? O que houve?

— Eu... Eu saí do meu corpo...

André falava freneticamente tudo que se passara. Armínio ouvia atentamente cada palavra de André. Quando terminou de falar, Armínio comentou:

— Você é médium, consegue sair de seu corpo carnal conscientemente. Isso é ótimo, mas, por tudo o que você me falou, não foi só para passear que se encontrou com seus amigos.

— Não? Como assim? Não estou lhe entendendo.

— Pense, André! Seus amigos estão precisando de ajuda no astral. De repente os bons espíritos utilizaram-se de sua mediunidade para incentivá-los a rezar e também para que você soubesse de fato o que se passa com eles. Vamos começar a fazer vibrações por eles e pedir a Deus que os ilumine.

— O senhor tem razão. Estou aqui todo empolgado por ter experimentado esse tipo de mediunidade que nem me preocupei com o real motivo, que é ajudá-los. Estou sendo egoísta.

— Não pense assim. É comum ficar eufórico com algo do gênero. Você não fez por mal. Agora vá para o seu quarto e descanse um pouco. Logo mais à noite, ao nos reunirmos na hora das preces, faremos orações aos seus amigos, pedindo a Deus para auxiliá-los.

André foi para seu quarto. Sentia-se feliz por ver Bruno e triste pelo que estava acontecendo com ele. E, com esses sentimentos contraditórios, ficou a pensar nos últimos acontecimentos.

Fausta fazia seus serviços domésticos pensativa. Desde o momento em que Elza entrara em sua casa no intuito de ajudar seu filho, estava assim, melancólica. Talvez não estivesse sendo boa mãe. Colocara sua vontade pessoal acima dos sentimentos do filho e de certa forma se sentia culpada pelo que se transformara a vida de Francisco.

Mas o que fazer? Falar para ele o que fizera para separá-lo de Elza, além de perturbá-lo, poderia deixá-lo magoado, a ponto de não querer mais vê-la, e isso ela não aguentaria. Suportaria tortura chinesa, mas, só em imaginar-se ignorada por ele, seu coração se apertava.

A esses pensamentos, sentiu sono. A princípio, procurou espantá-lo, mas, vencida pela suave sonolência, acabou cedendo. Deitando-se no sofá da sala, adormeceu.

Em poucos minutos, começou a sonhar que estava em um vilarejo. Pelo aspecto do lugar e pelos trajes usados pelas pessoas, pôde deduzir que estava no século XVIII. Viu-se em uma mulher belíssima. Sentiu-se naquele ser de tal forma, que não havia dúvida. Era ela que andava naquelas ruas empoeiradas da pequena cidade, jeito altivo, dona de si, segura do que estava fazendo. Andava rapidamente, parecia estar apressada.

Em poucos segundos a cena mudou. Agora via-se em companhia de um cavalheiro, um homem alto, bonito, ostentando um bigode bem cuidado, típico da época. Sentiu o corpo estremecer, reconhecendo naquele homem seu filho Francisco. O jovem rapaz parecia triste ao lhe falar:

— Você não compreende. Eu não posso casar-me com você, pois não a amo.

Os olhos da bela mulher faiscavam ao responder:

— Não tens alternativa. Nossas famílias são amigas. Meu pai e o seu há muito desejam nossa união. E, depois, eu o amo tanto que meu amor irá lhe fazer feliz e bastará por nós dois.

O homem andava de um lado para o outro, sem responder. Estava descontrolado, indiferente aos sentimentos dela, que, ao perceber o conflito interno do cavalheiro, procurou dissimular o que estava sentindo. Aproximando-se dele, afagou-lhe de leve os cabelos e disse carinhosamente, tentando demonstrar-se triste:

— Está bem, Frank! Eu o entendo. Se não me amas, pedirei ao meu pai que rompa com nosso noivado de forma amigável.

O semblante do rapaz mudou quase que por encanto ao ouvi-la, passando a expressar uma alegria intensa. Pegou as mãos da jovem e pôs-se a beijá-las, dizendo:

— Eu sabia que entenderia. Sempre fomos amigos, tenho imensa ternura pela sua pessoa, mas não amor. Tenho certeza de que encontrará um homem que a fará muito feliz.

— Bem... Não quero pensar nisso agora. O importante é vê-lo feliz. Mas, já que estamos rompidos e que agora sou sua amiga, gostaria de saber quem é a dona de seu coração.

Frank ficou pensativo. Pensou em não lhe confessar, mas, diante de um olhar tão sincero, abriu um sorriso lindo ao responder:

— Meu coração é de Eliete.

Fausta abriu a boca e voltou a fechá-la. Um sentimento de ódio invadiu o seu ser, mas controlou-se, dizendo:

— Minha querida prima? Mas eu nunca poderia imaginar.

— Eliete lhe aprecia demais. A tem como uma irmã. Nunca quis magoá-la. Sempre lutou pelo amor que sentia por mim, mas eu também a amo. Não dá pra escolher a quem amar. Você compreende?

— Claro! O que me importa é vê-lo feliz. E, estando com minha querida prima Eliete, sei que serás imensamente feliz ao seu lado.

Fausta, após esboçar mais um sorriso dissimulado, saiu do local.

Em poucos segundos a cena mudou. Ela viu-se agora andando de um lado para outro de um quarto, olhos vermelhos de tanto chorar. Estava com ódio de Eliete.

— Aquela aguada há de me pagar! Se eu não ficar com Frank, ela também não ficará — pensou.

Uma leve batida na porta tirou Fausta de seu estado de torpor. Era Eliete, que, ao entrar no local e vendo-a naquele estado, indagou preocupada:

— O que aconteceu? Por que está chorando?

Fausta sentiu o seu sangue ferver, mas em segundos uma ideia surgiu em sua mente. Aproveitando-se da situação, olhou para a prima e voltou a chorar descompassadamente. Eliete esperou ela se acalmar, ficando ao seu lado sem nada a dizer. Quando a viu mais tranquila, passou delicadamente as mãos em seu cabelo, dizendo:

— Não sei o que aconteceu. Nunca a vi neste estado, mas, se quiser compartilhar suas tristezas, estou aqui.

Fausta passou a mão no rosto da prima, ao lhe responder:

— Oh, minha amiga! Não sei o que seria de mim sem tua amizade. Eu... Não sei se devo lhe contar. És minha prima... Não sei se devo.

— Diga! Somos amigas. Prometo guardar segredos.

— Promete? Ninguém nunca poderá saber do que vou lhe contar, ainda mais agora depois que...

Fausta fez uma pausa. Esfregou a mão no rosto, como quem deseja apagar algo de suas lembranças. Eliete, realmente preocupada com a prima, decidiu encorajá-la, dizendo:

— Fale o que se passa. Vai te fazer bem desabafar. Confie em mim!

— Eu não sei por onde começar. Minha vida acabou. Você não sabe o que Frank me fez, aquele cafajeste. Ele destruiu minha vida, aproveitou-se de minhas fraquezas. Dizia me amar, falava palavras bonitas para mim e eu acreditei nesse amor, e me entreguei para ele. Deixei-o me possuir antes do casamento. Entreguei-lhe minha alma e meu corpo. Estou grávida e agora ele veio me dizer que não me quer mais, que ama outra, e que não vai me assumir. Você sabe que uma mulher, quando perde sua pureza, fica mal falada e é entregue à solidão — mentiu.

Eliete sentiu o ar lhe faltar. Amava Frank, que sempre lhe assegurou que nunca dera esperança à prima e que não havia nem a beijado. Uma lágrima doída insistiu em cair por sua face alva, mas não podia chorar. Fausta já estava sofrendo demais com o que Frank lhe fizera, e saber de seu romance secreto a perturbaria ainda mais.

— Tenho que ser forte, não posso fraquejar agora — disse a si mesma, enquanto enxugava a lágrima discretamente, sem que Fausta percebesse.

Quando se sentiu melhor, comentou:

— Não se preocupe! Tenho certeza de que Frank voltará atrás com sua decisão e assumirá seus atos. Agora, se me der licença, vou sair. Preciso resolver algo.

Eliete saiu do quarto. Fausta, ao se ver sozinha, abriu um sorriso, dizendo a si mesma:

— Ah, Eliete, minha querida! Como você é tolinha. Caiu direitinho. Frank vai ser meu.

A cena mais uma vez mudou. Fausta viu Eliete em outro quarto escrevendo uma carta de despedidas a Frank, dizendo que iria mudar para outra cidade, por ordem de seus pais, pedindo para ele nunca mais procurá-la. Em seguida, pôs-se a arrumar suas malas. Iria para bem longe dali, assim deixaria o caminho livre para Fausta.

As cenas seguintes foram mudando rapidamente. Viu Eliete se despedindo, indo morar em outra cidade, Frank triste e abatido com a perda da amada, e, logo em seguida, se entregando em farras nas tabernas, onde passou o resto de sua vida bebendo destilados, tentando preencher com a bebida a lacuna que se formara em seu coração com a fuga do seu grande amor.

A essas lembranças, Fausta acordou angustiada. Levantou-se do sofá, foi até o lavabo, onde jogou água no rosto. As cenas de seus sonhos não saíam de sua mente. Reconhecera em Eliete, Elza. Então seu filho de hoje fora o homem que, com seu egoísmo, conseguiu destruir. Não, isso não pode ser.

Decidiu tirar as dúvidas de sua mente. Saiu de casa, indo à casa ao lado, onde, após chamar pela vizinha, viu Emília aparecer, dizendo:

— O que houve? Você está pálida. Algum problema?

— Eu posso entrar? Preciso muito de você.

Fausta entrou na casa da vizinha, que cordialmente lhe ofereceu uma cadeira para se sentar. Emília, ao vê-la acomodada, questionou:

— Diga! Você parece que viu fantasma.

— Não vi, mas foi quase isso. Sabe o que é? Eu estava lendo um livro sobre reencarnação e me ocorreu uma dúvida. É possível você reencarnar tendo como filho alguém que prejudicou em outra vida?

— Claro que sim! Não sou a pessoa mais adequada para lhe explicar essas coisas, mas acredito que vivemos várias encarnações, onde o filho de hoje pode muito bem ter sido o inimigo de ontem, que Deus uniu nos laços sanguíneos para juntos repararem erros do passado.

Fausta levantou-se. Entendeu o recado, mas não estava com cabeça para aprofundar-se no assunto. Emília, ao vê-la um tanto transtornada, decidiu calar-se. Conduziu-a até a porta e se despediu com um sorriso de encorajamento.

Fausta voltou a sua casa e pôs-se a pensar em tudo o que fizera nesta e na outra encarnação.

XIX

A FORTALEZA EM CHAMAS

Celso olhava a paisagem sem vida e sombria daquelas paragens do Umbral, quando um de seus homens aproximou-se dizendo afoito:

— Eu vi o grupo de Guilherme não muito longe daqui. Devem estar se preparando para nos atacar.

Celso juntou saliva e cuspiu no chão:

— Então chegou a hora de deparar-me com Guilherme —

pensou, antes de dar ordens ao rapaz. — Eu duvido que o grupo de Guilherme tenha coragem de nos atacar. Este não é o feitio deles. O que eles querem é nos intimidar, mas chamem nossos melhores homens. Quero que fiquem alertas.

O rapaz balançou a cabeça em sinal positivo e saiu, deixando Celso irritado.

A poucos quilômetros dali, um grupo caminhava lentamente pela terra árida e sem vida. Lucas, que ficara encarregado daquele grupo de resgate, sentou-se em uma pedra para descansar, sendo seguido pelos outros oito homens que faziam parte da caravana.

Wagner, um dos integrantes do grupo, ao ver Lucas pensativo, comentou:

— Estamos chegando próximo ao território de Celso. Na certa, ele já sabe de nossa presença.

— Essas paragens contêm uma energia muito densa. Fica quase impossível volitar. Não temos outro meio de chegar à fortaleza se não for andando. Mas não se preocupe. Guilherme já sabe como entrar lá sem ser visto. Vamos fazer o que está combinado.

— E como vamos tirar os rapazes de lá? — perguntou um jovem que pela primeira vez fazia parte do grupo.

— Deus é amor e não abandona seus filhos. Celso não pode brincar de ser Deus para sempre. Só será possível tirar alguns rapazes de lá, primeiro porque eles querem ser ajudados. Mesmo os que estão em estado vegetativo, inconscientemente gritam por socorro e auxílio. Segundo, porque chegou o momento de Celso rever suas atitudes. A vida está cobrando isso dele.

— Todos temos chance de melhorar a cada dia. Deus nos dá sempre uma nova oportunidade. Nem Celso, que vive para a maldade, deixa de ter a oportunidade para melhorar — completou um outro integrante do grupo.

Após recuperarem as forças, levantaram-se e seguiram rumo à morada de Celso.

O sol irradiava, quando Zélia acordou. Sentia-se disposta pela primeira vez em meses. Em poucos minutos fizera sua higiene pessoal, indo a cozinha preparar o café da manhã. Abrindo o armário, se deu conta de que precisava comprar alimentos. Decidida a sair de casa, foi ao mercado, comprou tudo o que precisava e já estava quase chegando em casa, quando viu Dona Maria, a vizinha da casa ao lado, segurando uma criança. Ao passar por ela, a senhora parou. Procurando ser gentil, disse alegremente:

— Bom dia, Zélia! Que bom vê-la. Há tempos não a encontro.

Zélia olhou para a mulher, pensou em a ignorar, mas, ao ver a criança que ela segurava com carinho no colo, desistiu. Aquele ser tão pequenino a fez lembrar-se de Bruno quando criança, principalmente pelo pequeno furinho que se destacava em seu queixo, igual ao de seu filho.

Dona Maria, ao vê-la olhar com tanta ternura para a criança, perguntou:

— Esse menino é lindo, não acha?

Zélia fez um carinho na criança, que sorriu, esboçando dois dentinhos que acabaram de nascer. Em seguida, respondeu:

— É uma coisinha fofa, mas de quem é? Que eu saiba, a senhora não tem filhos pequenos e nem netos.

— Ele é filho de Simone, a moça que mora com Elza. Ela foi fazer entrevista para um emprego e pediu para eu olhá-lo.

Zélia estremeceu. A criança que estava à sua frente era seu possível neto, que ela nunca quisera ver. Pensou em xingar Maria, falar-lhe o quanto odiava Simone e aquela criança, que ela usara para tentar se aproveitar de Bruno, e que tivera a audácia de registrar com o nome de seu filho, mas, vendo aquele ser tão frágil e inocente à sua frente a olhá-la e rindo, desistiu, limitando-se a dar tchau à vizinha e seguir rumo a sua casa.

A figura daquela criança não saía de sua mente. Era tão parecido com seu filho quando criança que começou a pensar na hipótese de ele realmente ser seu neto. Ora sentia-se feliz, pois, se a criança fosse mesmo filho de Bruno, era o mesmo que tê-lo de volta; ora sentia raiva de Simone por ter uma moral não confiável e deixá-la na dúvida quanto à paternidade. E com esses pensamentos passou o dia.

Cacá, que lera os pensamentos dela, comentou com Cláudio:

— Você disse que nossa vida está dependendo de Zélia? Não sei por que, mas isso me entristece. Ela está completamente perturbada.

— Em primeiro lugar, eu nunca lhe disse que nossa vida depende de Zélia. Eu disse que o melhor que temos a fazer é ficar aqui até ela tomar uma decisão. A nossa vida depende exclusivamente de nós mesmos. E, depois, eu não acho que ela está tão perturbada assim. Acho que ela está é se encontrando. Bem, agora me ajude a aplicar a droga em Bruno.

Cacá obedeceu. Ao ver Cláudio aplicando-lhe a droga, comentou:

— Essa nova droga não deve estar funcionando em Bruno. Ele só dorme.

— Nossa obrigação é dar-lhe o veneno e isso estamos cumprindo.

— Isso é verdade. Mas, também, a essa altura do campeonato, eu nem sei se deveríamos continuar aplicando essa coisa nele.

— Não se preocupe com isso. Sei o que estou fazendo.

Cacá calou-se. Já conhecia Cláudio e discutir com ele seria perda de tempo, uma vez que ele sempre demonstrou estar seguro de si.

Ronaldo saiu do seu escritório no final do expediente. Passara o dia ansioso. Oswaldo havia lhe telefonado pela manhã. Marcara uma reunião em sua casa, pedindo a presença de Elza e Simone. Ele ficara de passar na casa delas para dar-lhes carona.

Quando chegou à casa de Elza, já a encontrou pronta ao lado de Simone, que, com Bruninho em seu colo, cumprimentou-o dizendo:

— Que bom que você chegou. Nós já estávamos ansiosas. Mas tem um problema. Não tenho com quem deixar Bruninho. Será que poderíamos levá-lo?

Ronaldo pegou a criança em seu colo. Fazendo menção de sair, respondeu andando:

— Não se preocupe. Vamos pedir para Josefa, a empregada de Oswaldo, que cuide dele. Do jeito que ela gosta de criança, tenho certeza de que não vai reclamar.

Simone abriu um sorriso. Os três saíram da casa rapidamente. Em pouco tempo, o carro de Ronaldo parou em frente à casa de Oswaldo. Após se fazerem anunciar e Ronaldo pedir para a empregada cuidar de Bruninho, o que foi aceito com alegria pela moça, adentraram a casa, onde Oswaldo, ao vê-los, foi cumprimentá-los alegremente, fazendo-os se acomodarem na sala de visita. Tratou de explicar-lhes o motivo da reunião:

— Eu chamei vocês aqui porque os mentores do nosso trabalho me informaram que hoje uma caravana de socorristas vai tentar entrar no quartel de Celso. Precisamos nos concentrar em preces. Eu chamei mais alguns médiuns que já devem estar chegando.

— Então Bruno ficará livre desses espíritos de uma vez por todas? — perguntou Simone, já contente com a notícia.

— Não é bem assim. Hoje os socorristas vão invadir a casa de Celso, onde se concentra um grande número de jovens que, como Bruno, fizeram uso de narcóticos enquanto encarnados e continuaram ao desencarnar. Mas vale lembrar que ninguém será levado à força. Só vai receber ajuda quem desejar ser ajudado. Bruno, como todos já sabem, está na casa de sua mãe e há vários fatores que decidirão se ele será ou não socorrido, uma vez que Zélia ainda está apegada em seu ódio, o que segura um pouco o filho ao seu lado. O que temos que fazer é envolver a todos em energias de amor e pedir a Deus que auxilie os espíritos do bem a ajudar a todos.

— Bruno vai ser socorrido. Tenho certeza disso. Vamos confiar — afirmou Elza, ao segurar as mãos de Simone.

Oswaldo levantou-se ao ouvir o som da campainha. Após pedir licença ao grupo, foi atender seus outros convidados, que foram chegando um a um. Oswaldo, ao olhar a hora, convidou-os a sentarem-se em volta da mesa, começando a reunião com uma belíssima prece, quando pediu auxílio aos jovens escravizados.

A escuridão predominava em frente à fortaleza de Celso. Quando a caravana dos socorristas chegou próximo ao portão do lugar, alguns dos homens que faziam a segurança do local ficaram em alerta. Celso, que ficara sabendo que seus inimigos estavam reunidos em frente a sua casa, foi até uma guarita situada na parte superior, onde pôde ver de perto o grupo que estava em silêncio.

Por segundos percorreu os olhos à procura de Guilherme. Não o encontrando entre o grupo, voltou-se para um de seus homens, dizendo:

— Esses idiotas não vão fazer nada. O líder deles não teve coragem de vir me enfrentar. Vamos aguardar. Se eles derem mais um passo, atirem. Temos armas suficientes para acabar com o grupo todo.

Celso ficou a andar de um lado para o outro. Sentiu que algo estranho estava acontecendo. Esperava por Guilherme. Sabia que, por mais que suas armas fossem boas e de alto poder de destruição, pouco faria aos socorristas, que vibravam em uma energia diferente. Suas armas só funcionavam entre os moradores daquelas paragens, que volta e meia brigavam pela disputa daquele local. Mas, mesmo assim, usaria suas armas para lutar com Guilherme até o fim, não se entregaria facilmente.

As horas foram passando lentamente. Os socorristas faziam preces pedindo a Deus que os auxiliasse naquele resgate. Celso olhava todos os movimentos do grupo, ficando cada vez mais apreensivo. Foi quando um grito ecoou de dentro da casa. Era a voz de uma mulher, que vira cair do céu uma chuva de energia alaranjada que mais parecia fogo, fazendo os moradores se desesperarem. Muitos começaram a fugir, com medo de serem queimados. O desespero fora geral. Celso, ao se dirigir ao quarto onde os rapazes estavam dormindo sob efeito de suas drogas, assustou-se ao ver que não havia mais ninguém no local. Procurando entender o que estava se passando, pensou:

— Aquele covarde do Guilherme não teve coragem de me enfrentar. Mas como entrou aqui?

A esse pensamento, veio em sua mente a figura de Cláudio. Só ele e Cláudio conheciam a passagem subterrânea.

— Maldito traidor! Bem que eu desconfiava.

Celso rangeu os dentes com raiva. Procurou ser rápido. Foi até seu laboratório, que, com a chuva de fogo, estava em chamas. Pegou algumas ampolas com sua nova droga, seringas e agulha, e tratou de fugir do local. Guilherme acabara com sua casa, mas ele acabaria com Bruno.

A esses pensamentos, Celso riu e pôs-se a correr, procurando se desvencilhar do fogo. Em poucos minutos, conseguiu sair do local. Viu de longe Guilherme socorrer os jovens e sua fortaleza, onde passara várias décadas trabalhando e fazendo experiências, arder em chamas.

Enquanto isso acontecia no astral, na casa de Oswaldo todos faziam preces, cada qual procurando emanar boas vibrações aos socorristas. A uma certa altura, o silêncio fora quebrado por um dos médiuns que estava em volta da mesa, que, após suspirar profundamente, pôs-se a falar:

— Caros amigos, felizmente conseguimos tirar todos os jovens que quiseram vir conosco para o astral maior. Com a ajuda de vocês, conseguimos acabar com aquele quartel, que há várias décadas era usado para causar dor e sofrimento a centenas de almas. E, com uma única arma, o amor. Mas Celso, como era de se esperar, conseguiu escapar do local. Temos informações de que ele está se dirigindo à casa de Zélia, que ainda não decidiu que caminho seguir, por isso peço a vocês que voltem suas atenções ao lar de nossa amiga, para podermos tirar Bruno e os outros dois rapazes de lá. Tenhamos fé.

O médium calou-se. Oswaldo, após conversar mentalmente com seu mentor espiritual, fez uma prece de agradecimento, encerrando os trabalhos. Antes que as pessoas que ali estavam fizessem menção de se levantar da mesa, comentou:

— Como vocês já sabem, a situação é delicada. Segundo nossos amigos no astral, Celso chegará à casa de Zélia pela manhã. Temos que descansar bem esta noite para amanhã cedo começarmos uma vigília. Podemos nos revezar em três grupos. O que acham?

Todos concordaram. Após conversarem entre si e acharem cada qual o seu horário, começaram a se retirar aos poucos, ficando só Oswaldo com Ronaldo, Elza e Simone. Oswaldo, ao se ver a sós com eles, comentou:

— Bruninho já deve estar dormindo. Por que vocês não dormem aqui esta noite? Tenho quartos sobrando. Façamos assim. Vocês serão meus hóspedes hoje.

Elza olhou para Ronaldo. Ao ver o amigo com cara de sono, respondeu:

— Vamos aceitar, assim Ronaldo já poderá descansar, sem precisar se preocupar em nos dar carona.

— Ótimo! Vou pedir para Josefa preparar os quartos.

Oswaldo saiu da sala, voltando em poucos minutos, convidando o grupo para tomar um chá na copa, onde Josefa preparava um banquete. Todos fizeram a refeição calados. Ninguém queria comentar os últimos acontecimentos. Elza, após dar-se por satisfeita, levantou-se dizendo:

— Já está tarde. Amanhã faço parte do primeiro grupo. Se me derem licença, vou me retirar.

— Fique à vontade. A casa é sua — respondeu Oswaldo, voltando-se para Josefa, que os acompanhava na refeição e pedindo:

— Por favor, mostre a Elza o quarto que você preparou para ela.

Josefa levantou-se alegremente. Elza, vendo o jeito delicado da empregada, pôs-se a conversar com a moça, que a auxiliou no que foi possível. Em seguida, deixou-a a sós. Elza, ao se ver sozinha, deitou-se. Sentiu o cansaço apoderar-se de seu corpo. Em poucos minutos, fechou os olhos, agradecendo intimamente a Deus pela oportunidade recebida e dormiu.

Em poucos minutos, seu corpo estremeceu. Sonhou que era uma outra mulher. Viu-se dentro de um trem a vapor, chorando descompassadamente. Pode sentir o coração da jovem moça apertado. Em poucos minutos, viu-se na França em companhia de um homem. Estava casada. Reconheceu rapidamente que se tratava de seu primeiro marido, mas não o amava. Vivia triste e apática, até que se viu grávida. Sentiu-se feliz com a gravidez.

A cena mudou. Viu-se com duas crianças lindas, um casal de filhos. Percebeu se tratar de Bruno e Simone. As crianças cresceram sadias. Seu marido cuidava dela e dos filhos, até a chegada de seu irmão. Ele e a esposa mudaram para a França junto com seu filho André. Não tinham local para se instalar. Ela e o marido os receberam em sua casa.

O tempo foi passando, seus filhos cresceram, mas Elza não se dava bem com a cunhada, que sempre estava de mau humor, reclamando de tudo. Nunca se sentia satisfeita com nada. Gostava de luxo e sonhava com joias e uma bela casa. Diferente de Elza, que estava de bem com vida que tinha.

Seu marido ouvira falar de uma planta que tinha poderes antidepressivos, cultivadas na Nova América. Ao comentar isso com a família, instigou a cobiça de Zélia, que procurou saber tudo sobre o assunto. Elza mais uma vez viu as cenas passarem rapidamente, até uma que lhe chamou a atenção.

Era um lindo dia primaveril. Estava chorosa pela partida dos filhos, que decidiram explorar a Nova América, atrás da planta de coca, junto a seu marido e Guilherme, deixando Zélia e Elza sozinhas.

Algum tempo se passou até Elza receber uma carta dizendo que seu marido havia morrido em um acidente marítimo. A essa notícia, pôs-se a gritar desesperadamente.

Elza, que sentia todas as emoções que via, pôs-se a gritar, chamando atenção de todos na casa. Oswaldo foi o primeiro a entrar no quarto. Ao ver a amiga suar frio, questionou:

— Você teve um pesadelo?

— Não! Foi real, Oswaldo...

— Acalme-se! Por que não levanta, joga uma água no rosto. O dia já está amanhecendo. Vou pedir para Josefa preparar o desjejum. Depois você nos conta o que aconteceu — tranquilizou Oswaldo, ao vê-la um tanto transtornada.

Saiu do quarto. Ao ver Josefa junto a Ronaldo e Simone no corredor, comentou:

— Elza está bem. Teve um pesadelo e acordou gritando. Vamos deixá-la a sós.

E, dirigindo-se a Josefa, comentou:

— Tenho certeza de que um bom leite quente irá ajudá-la a se recuperar.

Josefa saiu rapidamente. Oswaldo foi para o banheiro fazer sua higiene pessoal. Simone e Ronaldo também saíram, indo cada qual se preparar para o longo dia que teriam pela frente.

Elza procurou se refazer. Ao entrar na copa, encontrou todos sentados à sua espera. Sentou-se à mesa. Estava levemente abatida. Josefa tratou logo de servir o café. Oswaldo, após tomar um pouco do líquido quente, perguntou:

— Sente-se melhor?

Elza baixou a cabeça. As emoções que tivera em seu sonho estavam vivas em sua mente. Decidindo contar a todos o que aconteceu, respondeu:

— Estou confusa. Eu tive um sonho estranho. Parecia que eu estava viva em um outro século, em um outro corpo. Pareceu tão real que não sei o que pensar.

— Se pareceu real é porque pode ter sido real. Já ouvi muitos casos de regressão a vidas passadas por sonhos, não é mesmo Oswaldo?

— Isso é mais comum do que se pensa, Ronaldo. Vamos Elza, nos conte o que você viu. Tenho certeza de que vai nos ajudar. Precisamos de todos os sinais possíveis do plano espiritual.

Elza pôs-se a contar tudo o que lembrava. Simone não conseguia piscar os olhos a cada comentário feito. Quando Elza terminou de falar, Simone foi ao seu encontro, dizendo comovida:

— Tenho certeza de que você lembrou de nossa encarnação passada. Cada palavra entrou em meu coração. E, depois, sempre senti um laço de grande afinidade entre nós.

As duas se abraçaram fortemente. Ronaldo, ao ver a cena, as interrompeu, dizendo:

— Lamento interromper o momento de comunhão de laços espirituais verdadeiros, mas vocês esqueceram de algo.

Simone voltou ao seu lugar na mesa. Sabia que o momento era delicado, uma vez que várias pessoas estavam envolvidas naquela história. Oswaldo, ao ver as duas acalmarem os ânimos, tomou a palavra.

— Ronaldo tem razão. Essa história não foi revelada a Elza à toa. Celso chegará hoje à casa de Zélia. Talvez, se Ronaldo for até lá e contar a ela sobre o que já sabe sobre sua vida passada, ela resolva cooperar, assim ficará mais fácil para os socorristas ajudarem.

Ronaldo levantou-se abruptamente, dizendo:

— Oswaldo está certo! Vou agora mesmo à casa de Zélia.

Simone, ao ver Ronaldo sair apressadamente, brincou:

— Isso é que é amor. Os olhos de Ronaldo brilharam ao imaginar que poderia ajudar Zélia.

— Ronaldo é um homem maravilhoso, um ser humano lindo. Ele está fazendo isso por Zélia sim, mas acredito que por Bruno e pelos outros mais ainda. Agora, vamos terminar nosso desjejum. Daqui a pouco começaremos nossa reunião de preces — respondeu Oswaldo, lembrando Simone de suas obrigações.

Voltemos algumas horas no relógio do tempo para sabermos o que acontecia na casa de Zélia...

A madrugada ia em alta. Cláudio e Cacá continuavam em companhia de Bruno. Os dois estavam apreensivos. Cláudio, não aguentando mais o clima de tensão que se instalara no local, perguntou:

— Você já decidiu o que vai fazer ao sair daqui?

— Já! Durante o tempo que passei nas mãos de Celso, refleti o quanto fui fraco, me deixando levar pela ilusão da liberdade que a droga me proporcionava. Na verdade, em vez de me sentir livre para fazer o que quisesse, eu fui me escravizando. Se a gente conseguir sair dessa na boa, vou querer aprender mais sobre esse nosso plano de existência.

— Nós vamos sair, você vai ver! Sabia que há lugares aqui em que podemos estudar, seguir uma profissão?

— Sério? E onde fica esse lugar? — perguntou Cacá, com um sorriso nos lábios.

— Bem, eu não conheço, mas sei que existe, pois se existe um lugar para o mal se instalar, fazer pesquisas, criar bombas e drogas, também há lugares para aprender a viver em paz. Sem contar que uma pessoa que amo muito foi para uma dessas colônias. Ela deve estar bem. Pena que não vou mais encontrá-la.

— Quem sabe agora, que você decidiu não continuar com Celso, vocês não se reencontram.

— Tomara, meu amiguinho! Tomara!

Cacá já ia responder, quando ouviu uma outra voz se aproximando e dizendo:

— Ora, ora! Meus fiéis amigos fazendo planos para o futuro!

Cacá estremeceu ao ver a figura de Celso à sua frente. Cláudio, procurando manter a calma, respondeu:

— Todos fazemos planos para o futuro. Mas ainda que mal lhe pergunte, o que veio fazer aqui? Você não deveria estar defendendo a sua casa?

Celso não conseguiu se controlar. Cláudio, além de traidor, mostrava-se cínico. Fechou os olhos, procurando mentalizar energias negativas. Em poucos segundos, os dois rapazes começaram a ser presos por essa energia. Celso, ao abrir os olhos e ver os dois laçados energeticamente, riu em zombaria:

— É isso o que se faz com traidores. Vocês pensaram que iriam me prejudicar, mas quem vai levar a pior são vocês.

E, voltando-se para a cama onde Bruno permanecia dormindo tranquilamente, percebeu que Cláudio não cumprira suas ordens. Seu ódio aumentou ainda mais e voou em direção a Cláudio. Sua fúria era tanta que, aproveitando-se que ele continuava amarrado, pôs-se a lhe dar socos e pontapés. Cacá, vendo a cena, pôs-se a gritar:

— Pare com isso! Ele não fez nada. Nós não temos culpa se as coisas não estão favoráveis a você.

— Você é idiota ou o quê? Vocês não deram a droga para Bruno. Já era para ele estar definhando. Mas isso não vai ficar assim, vocês vão me pagar.

Celso fez alguns movimentos bruscos. Em poucos segundos, preparou uma dose tripla da droga. Cláudio, ao perceber o que Celso ia fazer, fechou os olhos, mentalizando a figura de Guilherme. Em seguida, ouviu sua voz dizendo para permanecerem na fé, fazendo preces a Deus, que logo seriam socorridos.

Cacá, ao ver Celso aplicar a droga em Bruno, olhou para Cláudio, que com um olhar o tranquilizou, dizendo baixinho:

— Reze e fique calmo!

O rapaz atendeu prontamente. Celso, ao ver que os dois estavam concentrados, riu mais uma vez, dizendo:

— Ninguém vai salvar vocês. Eu já vi dois capangas de Guilherme juntos à tonta da Zélia, tentando encorajá-la a mudar seus pensamentos, mas duvido que eles consigam, portanto vocês estão sozinhos e vão me pagar.

Celso preparou mais seringas com drogas. Foi ao encontro de Cacá e lhe aplicou a droga, o que fez com que o rapaz desmaiasse, perdendo os sentidos devido à quantidade excessiva do tóxico.

Bruno, que dormia, ao receber a droga, começou a ter convulsões. Celso, ao vê-lo estremecer na cama, disse a Cláudio:

— Está vendo o que sou capaz de fazer quando me provocam?

— Você está louco. Perdeu completamente a noção das coisas. Seu ódio por Guilherme e por este rapaz o consumiu.

Celso não respondeu. Pensou em aplicar a droga em Cláudio, mas tinha outros planos para ele. Acabar com seu sistema nervoso e deformar seu perispírito seria pouco. E, com esses pensamentos, sentou-se, ficando a esperar para ver os rapazes sofrendo.

Já passava das nove horas da manhã, quando Fausta, irritada por Francisco ainda estar dormindo, foi ao quarto do filho. Ao entrar, sentiu o cheiro forte de aguardente, que parecia estar impregnado no ambiente. Francisco dormia pesado.

Fausta foi até o banheiro, pegou uma caneca com água, voltou ao quarto e abriu a janela para entrar um pouco de ar no local. Ao ver que mesmo assim o filho não esboçava nenhuma reação, jogou a água em sua face, fazendo-o acordar assustado, e, ao ver a mãe com a caneca na mão, começou a xingar:

— O que é isso? A senhora está louca? Quase me matou!

— Não estou louca, só estou cansada. Levante! Vá tomar um banho, você está cheirando mal.

Francisco levantou-se. Sua mãe passara dos limites. Decidido a não cumprir suas ordens, respondeu:

— Não vou tomar banho, não quero. Não sou mais criança.

Fausta saiu do quarto. Francisco chegara ao fundo do poço. Era um fraco e ela detestava gente que não conseguia reagir, brigar e lutar pelos seus ideais. Iria resolver de uma vez por todas aquela situação. Pensando assim, teve uma ideia. Iria embora, deixaria Francisco de uma vez por todas. Seria o melhor a fazer.

Lembrou-se do sonho que tivera sobre sua vida passada. Ela fora responsável pela separação dele com Elza e fizera a mesma coisa nessa encarnação, mas não estava arrependida. Se pudesse, faria tudo de novo. Fizera o que achava certo. Não tinha culpa se Elza não lutara por seu amor e nem por Francisco ser fraco. Só fazia o que acreditava ser bom para si.

Esse pensamento bateu mais forte em sua mente. Voltou ao quarto do filho, que havia se deitado de novo. Fausta aproximou-se. Ao ver que ele colocou o travesseiro no rosto, riu nervosamente:

— Quando você vai crescer? Eu só vim aqui para lhe avisar que estou indo embora. Vou deixá-lo sozinho nesta casa.

— Quê? — respondeu Francisco, tirando o travesseiro do rosto. E vai pra onde?

— Vou para o interior. Tenho aquela casinha que ganhei de herança da minha tia.

— A senhora enlouqueceu. Aquilo é um casebre no meio do mato, sem luz e sem água encanada. Está fazendo isso só para me irritar. Duvido que vá para o meio do mato.

— Já está decidido. Vou e pronto. Você que se vire. É maior de idade e vacinado. Você sempre fez questão de me lembrar isso.

Fausta virou as costas. Francisco, embora não acreditasse que sua mãe fosse deixá-lo, ficou preocupado. Levantou-se, pensando:

— Vou tomar uma para passar meu mau humor. Era só o que faltava, chantagem emocional logo cedo.

Com esses pensamentos, saiu de casa rumo ao bar da esquina, onde batia ponto todos os dias. Ao chegar ao local, cumprimentou o dono do bar, que, já sabendo o gosto de seu cliente, serviu-lhe uma branquinha, que Francisco tomou em um gole só, ficando no balcão do bar pensando em sua vida, sem se preocupar com o rumo que ela estava tomando.

XX

O PASSADO SE DESVENDA

André regava as verduras da horta tranquilamente quando Armínio se aproximou. O rapaz, ao vê-lo, cumprimentou-o alegremente, sem deixar de prestar atenção em seus serviços:

— Bom dia, doutor! Esses pés de alface estão lindos, não acha?

— De fato! Também, com você cuidando delas todos os dias com tanto carinho, não poderia se esperar outra coisa.

— Aconteceu algo? O senhor quer me falar alguma coisa?

— Recebi um telefonema do doutor Oswaldo. Lembra de nossa última reunião com os amigos do astral?

— E como poderia esquecer? Peço a Deus a todo instante para ajudar os socorristas a libertarem meus amigos das mãos de Celso.

— Pois bem. A fortaleza já foi destruída no astral. Oswaldo me avisou e pediu para vibrarmos em intenção de Bruno.

— Como assim? Eles ainda não os livraram das mãos de Celso?

— Não! Eles já destruíram a casa e socorreram os jovens, mas Celso foi à casa de Zélia, onde Bruno se encontra em espírito. Chegou a hora de a vida agir com Celso e todos os envolvidos. Assim que acabar sua tarefa, vá para a sala de reuniões. Vamos nos concentrar lá. Já chamei alguns médiuns para nos ajudarem com preces.

Armínio saiu, deixando o rapaz terminar seu serviço. André, ao se ver só, pôs-se a pedir ajuda ao plano espiritual. Em poucos instantes, sentiu uma paz o envolver. Ao sentir dentro de seu ser aquela força, começou a se lembrar de Bruno. A esses pensamentos, disse a si mesmo, comovido:

— Deus, perdoe-me pelos erros cometidos. Sei que agi errado, me deixei ser levado pela fraqueza de minha alma. Bruno também, mas quem não erra? Sei que és amor e bondade, e é exatamente por isso que peço. Ajude Bruno e todos os envolvidos. Dê-lhes uma nova oportunidade de aprender a respeitar o corpo carnal e fluídico que lhes deu. Assim como estou aprendendo, também poderão aprender. Obrigado, porque sei que está me ouvindo e nos ajudando!

Lágrimas caíram pela face de André, que olhou para o céu, contemplando os raios de luz emanados pelo astro rei, ficando a agradecer a ajuda de Deus a ele e aos seus, com a certeza em seu coração de que tudo sairia bem.

Cláudio olhava para Celso, que andava de um lado para o outro, apreensivo. Sua vontade era sair dali, tirar Bruno e Cacá daquele lugar, mas, por mais que tentasse se soltar das amarras energéticas que Celso lhe colocou, foi em vão. Não conseguiu. Procurou rezar, fizera preces pedindo a ajuda de Deus.

O tempo passava lentamente para eles. Celso, ora xingava, ora ria. Estava realmente transtornado. Cláudio, procurando manter-se calmo, ao ver Celso cansar de reclamar e se sentar, comentou:

— Você deveria aprender com o que está acontecendo. Olhe para dentro de si. Veja quanto tempo perdeu com esse ódio por Guilherme e pela busca por poder.

— Cale-se, seu traidor! Há quanto tempo você me engana? — respondeu Celso, levantando-se abruptamente.

— Eu não sou traidor. Sou seu amigo, gosto de você, mas cansei de cultivar ódio dentro de mim. Já tem algum tempo que resolvi mudar de vida. Só decidi continuar ao seu lado porque pensei que poderia ajudá-lo a enxergar a vida de outra maneira, mais bonita, sem mágoas, sem manipulação e maldade.

— Está falando como Guilherme. Vocês se dizem bonzinhos, pregam o amor, mas o que fazem? Enganam, invadem a casa dos outros como fizeram com a minha, e ainda se acham corretos.

— Será que não está distorcendo as situações? Em primeiro lugar, você envolvia garotos com potencial a serem dependentes químicos e os incentivava a usar drogas, depois, quando desencarnavam, os escravizava. E, o pior, fazia de muitos deles cobaias de muitas das suas experiências. Se Guilherme invadiu sua casa como você mesmo diz, foi para tirar de lá seres humanos que você escravizou. Quem agiu errado, você ou Guilherme?

Cláudio calou-se. Celso continuou andando de um lado para o outro, pensou em revidar, maltratar Cláudio, mas sua mente estava confusa. Olhou para Bruno, que não parava de se debater e soltar da boca um líquido verde. Conhecia bem os efeitos da droga que lhe aplicara. Em poucas horas, começaria em seu corpo espiritual uma deformação que levaria séculos para recuperá-lo.

Cláudio, podendo ler a mente do amigo, pediu:

— Sabe que está fazendo mal aos rapazes. Você pode neutralizar os efeitos dessa droga. Ajude-os!

— Você é muito tolo mesmo. Cadê o Gui? Ele é que é o mocinho, não eu. E depois, os garotos entraram no mundo das drogas porque quiseram. Nós os incentivamos, mas a vontade deles prevaleceu. Agora eles estão arcando com as próprias escolhas. Não é assim que os socorristas pensam? Então não estou errado. E depois, quem está segurando Bruno aqui não sou eu, e sim Zélia.

Celso riu prazerosamente ao ver que Cláudio ficara sem argumentos, só parando de gargalhar ao ouvir o barulho da campainha soar. Correu para o lado de Zélia. Ao vê-la apática, sentada no sofá, aproximou-se, envolvendo-a em suas energias e dizendo:

— Não vá atender! É Ronaldo. Ele vai vir de novo com aquele papinho meloso.

Zélia já estava cedendo às suas influências, quando, sem que Celso pudesse perceber, Guilherme apareceu à sua frente, dizendo:

— Não jogue sujo! A escolha é dela. Deixe-a decidir.

— Ora, se não é o Gui em carne e osso. Quer dizer, em espírito.

— Deixe de ironias! Não era a mim que você queria?

Celso olhou para seu antigo rival com ódio. Guilherme lhe falava calmamente, o que fez aumentar sua fúria, mas deixou Zélia em paz. Guilherme permaneceu imóvel, enquanto viu Zélia levantar-se da poltrona para abrir a porta para Ronaldo. Gui, ao vê-lo entrar, disse a Celso:

— Vamos deixá-los a sós. Agora somos eu e você.

Os dois voltaram para o quarto, onde Bruno e os dois rapazes estavam aprisionados.

Ronaldo, após ser convidado a se sentar e ver que Zélia sentou-se à sua frente com a fisionomia melhor, decidiu ir direto ao assunto:

— Olha, Zélia! Eu vim aqui novamente bater na mesma tecla.

— Eu sei! Ontem vi o filho da Simone. Lembrou meu Bruno quando criança — interrompeu Zélia, com os olhos perdidos no espaço.

Sorriu, continuando a falar:

— E isso mexeu comigo. Senti que o menino é mesmo meu neto. Fiquei o tempo inteiro pensando nele. É difícil para mim, não sei se vai me entender. Eu errei demais com Bruno. Fui ausente e, quando penso nisso, sinto raiva de mim mesma. Nessas horas, penso em mudar, em recomeçar minha vida, mas parece que uma força maior não me deixa. É quando sinto meu filho próximo a mim, é como se ele estivesse aqui e eu não quero que ele vá embora.

— Zélia, se você sente a presença de seu filho aqui, como pode duvidar da espiritualidade? Você está vendo o lado negativo da vida. Você errou com seu filho, talvez não tenha cumprido com suas obrigações de mãe, mas é exatamente por isso que Deus sempre nos dá uma nova chance, e a vida está lhe presenteando. Perdeu Bruno para a espiritualidade, mas tem um neto, que você pode ajudar a criar, educar e reparar seu erro.

— Eu... Eu não sei se consigo — Zélia respondeu, com a voz embargada pela emoção.

Ronaldo sentou-se ao seu lado. Deu-lhe um abraço forte, fazendo-a sentir-se amada, o que a fez deixar o pranto cair copiosamente. Quando se sentiu melhor, largou-o. Abriu um lindo sorriso entre as lágrimas e comentou:

— Só você para me entender. Deus o colocou ao meu lado e eu, como sempre, fazendo tudo errado.

— Até para isso, há tempo para consertar, mas eu preciso lhe falar o que está se passando em sua casa. Os espíritos me deram essa missão. Você promete que vai ouvir tudo com atenção e só depois vai tirar as suas conclusões?

— Prometo! — respondeu Zélia de pronto, já um tanto animada.

Ronaldo pôs-se a falar tudo o que aconteceu, sem lhe ocultar nenhum detalhe.

Enquanto isso...

Guilherme entrou no quarto. Cláudio, ao vê-lo, abriu um sorriso. Celso, ao perceber a alegria do amigo, disse:

— Você pensa que seu protetor vai tirá-lo daqui? Está enganado. Primeiro ele terá que me vencer.

Cláudio olhou para Guilherme, como a suplicar ajuda aos rapazes. Guilherme não lhe respondeu, olhando para Celso, dizendo calmamente:

— Eu não vou vencê-lo. Não estou aqui para duelar com você, e sim para ajudá-lo.

Celso sentou-se ao lado de Bruno, passou a mão em sua testa, dizendo:

— É uma pena. Em poucos minutos, seu queridinho vai passar por uma metamorfose. E sabe quem será o responsável? Você! Mais uma vez, vai prejudicar os seus.

— Não. Dessa vez não vou prejudicar ninguém. Você não me perdoa pelo que aconteceu no passado, mas nunca me perguntou o que de fato aconteceu. Hoje vai me ouvir.

Guilherme fez uma pausa. Ao ver que Celso não esboçou nenhuma reação, continuou:

— Quando eu decidi trabalhar com você, estava desempregado, morando de favor na casa de meu irmão. Zélia, que foi minha esposa naquela encarnação, sonhava viver em sociedade. Eu também tinha meus devaneios de fortuna e status. Quando soubemos da nova planta milagrosa que curava depressão e proporcionava uma sensação de bem-estar, eu e meu irmão decidimos nos aventurar na Nova América, e nossos filhos foram juntos.

Quando chegamos à região onde havia um maior número de plantações da coca, ficamos maravilhados...

— Essa história eu já conheço. Meus pais haviam morrido e me deixado como herança uma fazenda com enorme quantidade da planta. Você e sua família passaram a ser compradores da planta. E daí, qual a novidade? Cláudio era meu primo e trabalhava comigo até você nos trair — interrompeu Celso, colérico ao lembrar do passado.

Guilherme, procurando não se afetar com o estado emocional do rapaz, continuou:

— Como eu ia dizendo, trabalhamos com vocês por longos anos. Ganhamos muito dinheiro. As pessoas usavam a fórmula da coca com frequência em uma boa parte da Europa. Aquele remédio havia se tornado vicioso e indispensável. Mas o tempo foi passando e alguns pesquisadores começaram a contestar a droga. Perceberam que ela viciava e fazia bem só quando era consumida, mas, caso contrário, a pessoa começava a ter crises fortíssimas de depressão. Começou então uma verdadeira batalha contra o uso dessa planta.

A travessia estava cada dia mais arriscada. Primeiro pelo perigo do mar e, depois, por ladrões que roubavam os barcos carregados com a planta. Meu irmão morreu dentro do nosso barco, em uma tempestade em alto-mar. Depois disso, decidi deixar André e os dois sobrinhos com você e fazer o percurso marítimo com ajudantes. A essa altura, eu já não sabia se estava fazendo a coisa certa.

Zélia passou a exigir cada dia mais de mim. Por mais dinheiro que eu deixasse a ela, cada vez que passava alguns dias em minha casa, mais ela queria. Elza, com a morte do marido, tornou-se apática e sempre me cobrava a presença dos filhos, que há anos não via. E, depois, comecei a questionar o poder da planta.

Quando voltei à sua fazenda, estava decidido a mudar de vida. Foi quando vi meus sobrinhos e meu filho experimentando uma nova forma de usar a erva. Eu fiquei com muito ódio de você, pois os estava usando como cobaias...

— Aí você armou aquela emboscada para mim, não foi, seu cretino? Destruiu toda a minha plantação, roubou minha fórmula para a nova droga e nos matou — interrompeu mais uma vez Celso, sentindo o ódio voltar à tona com toda a intensidade.

— Não, eu não fiz isso. Por mais que eu não concordasse com o que você estava fazendo, não teria coragem de traí-lo. Foi coincidência. Eu tirei os três de sua casa aquela noite, fiz tudo em surdina, porque não desejava me indispor com você, só isso. Eu só soube que entraram na sua casa e fizeram tudo isso depois que desencarnei. Você poderia ter verificado isso, mas seu ódio por mim tomou conta do seu ser, o deixando cego durante esse tempo todo.

Guilherme ficou quieto, fazendo Celso parar para pensar no que acontecera. Cláudio, que ouviu toda a conversa calado, pôs-se a analisar o tempo que perdera cultivando um ódio que de nada lhe valera. Pelo contrário, acreditou piamente nas conclusões que Celso tirara, apontando Guilherme e os seus como os responsáveis pelo seu infortúnio, sem parar para pensar se o primo estava certo ou não.

Guilherme os deixou a sós e foi à sala, onde Ronaldo terminava de contar a Zélia o que estava acontecendo no astral, e pôs-se a observá-los. Zélia ouviu tudo atentamente, absorvendo todas as informações. Quando Ronaldo terminou sua narrativa, Zélia levantou-se, dizendo:

— Meu Deus! Meu filho esse tempo todo precisando de mim e eu aqui, com meu egoísmo!

— Agora que você sabe a verdade, que tal irmos ao quarto e fazermos uma prece pedindo ajuda aos bons espíritos?

— Vamos, sim. Meu coração está sentindo uma paz incrível depois dessa conversa.

Zélia e Ronaldo foram ao quarto de Bruno, sendo seguidos por Guilherme. Celso, que estava ao lado de Bruno, ao vê-los entrar, olhou para Guilherme, dizendo:

— Você conseguiu me destruir mais uma vez, mas, se pensa que vou deixá-lo em paz, está enganado. Não sou burro, sei que eu perdi essa batalha, agora que esta tonta decidiu lhe ajudar, mas não a guerra. Eu voltarei para me vingar de todos vocês.

Celso deu uma risada estrondosa e saiu do local.

Guilherme envolveu Ronaldo em uma energia de amor, fazendo-o pronunciar uma linda prece. Zélia o acompanhou com o coração aberto. Em poucos segundos, uma chuva de energias curadoras começou a cair sobre todos, fazendo Bruno, Cacá e Cláudio se livrarem das energias que Celso lhes emanara.

Em poucos minutos, uma equipe de socorristas adentrou o local, socorrendo os rapazes e os levando para um hospital no astral. Quando Ronaldo terminou suas orações, Guilherme se aproximou dele, dando-lhe um abraço de agradecimento e saindo do local, na certeza de ter cumprido com sua missão.

... Guilherme parou mais uma vez sua narrativa. Sandra, procurando saber mais sobre o assunto que tanto a interessava, comentou:

— Sabe, Gui! Estou trabalhando nesta enfermaria há alguns anos, mas ainda não consegui entender como é possível as drogas tóxicas fazerem tantos danos no perispírito.

— É muito simples, minha querida! O corpo material é igual ao perispiritual. Se fazemos uso das drogas, estas irão prejudicar o corpo material. Consequentemente o mesmo se dará ao perispírito. Entendeu?

Sandra abriu um sorriso. Guilherme, ao perceber que a amiga desejava mais esclarecimentos, brincou:

— Se tem mais alguma dúvida, fale agora ou cale-se para sempre!

Sandra riu prazerosamente do olhar maroto que ele lhe enviara e respondeu:

— Vou ter sempre alguma dúvida, mas por ora vou lhe fazer apenas mais uma pergunta. Você disse na história que Bruno ficou na casa de Zélia porque ela o segurou lá com os seus pensamentos. Agora me responda uma coisa. Por que não chegou na casa de Zélia antes de Celso e tirou os três de lá? Assim evitaria maiores sofrimentos para os rapazes, que já estavam desejando mudar.

— Boa pergunta. Deus nos deixou o livre-arbítrio, ou seja, o direito de escolha. Quando os rapazes escolheram consumir drogas, o que eles tiveram? Eu lhe respondo. Uma ação. E para ação há uma reação. Se você praticar boas ações, mantiver um padrão vibratório para o bem, o que vai receber em troca da vida? O mesmo, estou certo?

Sandra fez sinal de positivo para Guilherme, que continuou sua explicação.

— Pois bem! Agora, se você optar pelo caminho errado, porque o nome já diz tudo, drogas, pois não teria esse nome, se fosse uma coisa boa, o que acha que a vida vai lhe oferecer? Dor e sofrimento. E, nesse caso específico, os três precisavam passar por aquela situação para aprender com a dor. E, depois, tudo tem o seu momento certo para acontecer, não podemos mudar os desígnios de Deus, que sempre sabe o que está fazendo, e, acredite, tudo acontece para o nosso bem.

Sandra ficou pensativa, procurando compreender o que escutara do amigo, dizendo, após alguns minutos de meditação:

— Você está certo! Não podemos impedir ninguém de passar pelas provações que lhe são necessárias.

Guilherme sorriu satisfeito. Sandra havia entendido o que ele quis dizer. Decidido a terminar de lhe contar a história, suspirou profundamente e prosseguiu com sua narrativa.

Oswaldo fazia suas preces quando seu mentor aproximou-se, dizendo ao seu ouvido que tudo fora resolvido, contando os pormenores. Quando o mentor se afastou, Oswaldo abriu os olhos e deu a notícia a todos, que comemoraram alegremente.

Após agradecer aos bons espíritos, encerrou a reunião, convidando a todos para almoçarem, o que foi aceito pela maioria, com exceção dos que tinham compromissos.

Josefa preparara uma refeição especial e a comida fora servida em um clima de confraternização. Após o almoço, as pessoas foram saindo da casa, ficando Elza, Simone e Bruninho, que brincava com seu carrinho no tapete da sala com Oswaldo, que entretinha o menino em meio a brincadeiras, fazendo-o rir sempre que ele lhe fazia caretas. Só parou quando Josefa adentrou a sala, dizendo:

— Doutor Oswaldo, seu Ronaldo chegou. Posso mandá-lo entrar?

— Ora, Zefa! Você sabe que não precisa anunciar. Mande-o entrar.

Elza já ia se levantar para abraçar o amigo que acabava de entrar na sala, quando recuou ao ver a figura de Zélia ao seu lado, limitando-se a cumprimentá-lo apenas cordialmente. Oswaldo, ao perceber o desconforto que a presença de Zélia causara em Elza e Simone, aproximou-se do casal, dizendo amavelmente:

— Sejam bem-vindos! Sentem-se! Agora que tudo acabou bem. Temos muito o que conversar.

Zélia abriu um sorriso e sentou-se no sofá indicado por Oswaldo, ao lado de Ronaldo. Após se acomodar, viu o neto brincando no chão e estendeu as mãos para ele, que rapidamente foi engatinhando em sua direção. Quando a criança se aproximou, pegou-a no colo e o cobriu de beijos.

Simone assistia à cena sem nada dizer, pois o ato da avó de seu filho falou mais que mil palavras. Zélia, vendo que todos esperavam um comentário dela, considerou:

— Olha, Simone! Eu não sei o que lhe dizer, não sei nem por onde começar...

— Então não comece, Zélia! Todos erramos. Acredito que ninguém atirará pedras em você. Hoje é um dia de alegria, o amor e a fé venceram o ódio e a ignorância — interrompeu Elza, que, ao terminar de falar, aproximou-se de Zélia, dando-lhe um abraço apertado, selando ali laços de amizade.

Simone também foi abraçá-la. Oswaldo, ao ver todos comovidos, brincou:

— Agora que está tudo bem, vamos parar com as lágrimas. Começa aqui uma nova etapa da vida, que deverá ser marcada pelo sorriso, portanto vamos sorrir.

A harmonia foi geral. Ronaldo pediu Zélia em casamento, o que foi aceito com alegria. O casal pôs-se a fazer planos para o futuro. Zélia pediu a Simone para deixá-la cuidar de Bruninho, uma vez que ela começaria a trabalhar fora, o que a moça concordou com prazer.

A tarde passou animadamente. Quando anoiteceu, todos já estavam em suas casas. Elza recebera a visita de Meire, que, preocupada com a amiga, fora lhe fazer uma visita. Elza relatara tudo o que acontecera nas últimas horas, explicando o motivo de ter transferido seu plantão no hospital. Meire, após ouvir a amiga, comentou:

— Nossa! Que história! Se fosse outra pessoa que tivesse me contado, não acreditaria.

— Não acreditaria porque ainda não parou para observar a vida. Em todos os lugares há pessoas voltadas para o bem, ao próximo assim como para o mal, por ainda estarem na ignorância e não conhecerem as leis que regem o Universo...

Elza ia continuar a falar, quando ouviu a campainha soar. Olhou para o relógio de pulso, dizendo preocupada:

— Quem será? Não estou esperando ninguém.

— Deve ser algum príncipe encantado. Todos tiveram um final feliz nessa história, só falta você.

— Deixe de bobagens — respondeu, ao abrir a porta.

Ao ver a fisionomia de Fausta, cumprimentou-a com olhar de curiosidade:

— Olá! Algum problema com Francisco?

— Eu poderia entrar? — respondeu Fausta de pronto.

Elza abriu caminho para ela passar, indo em direção à sala. Meire, ao ver de quem se tratava, já ia se levantar para ir embora, quando Fausta disse:

— Não precisa sair. Sei que vocês são amigas e que vai ficar sabendo do que vou falar, então fique.

Meire olhou para Elza, que a tranquilizou com o olhar. Fausta sentou-se, procurando ignorar a presença de Meire, dizendo:

— Vou ser curta e breve. Sei que gosta do meu filho e quer ajudá-lo. Vim aqui para lhe dizer que estou cansada. Por mais que eu o ame, não aguento vê-lo se afundar a cada dia. Tentei de tudo para afastá-lo da bebida e descobri, infelizmente, que ele é fraco, e resolvi abandoná-lo. Acredito que, quando ele se vir só, vai procurar ajuda. Estou aqui para lhe dizer que não serei mais uma pedra no caminho de vocês. Vou me sacrificar para ver a felicidade dele, que para mim é o mais importante.

Fausta levantou-se, sem dar tempo para Elza articular perguntas, fazendo menção para ir embora. Elza, percebendo que não adiantaria dialogar, limitou-se a acompanhá-la até a porta, e, sem lhe dizer ao menos tchau, viu Fausta entrar em um táxi e desaparecer de suas vistas. Ao voltar à sala, encontrou Meire pasma com o que acabara de ouvir. As duas ficaram em silêncio por alguns minutos. Foi Meire quem quebrara o clima pesado que se instalara no ambiente:

— Eu não entendo! Essa mulher deve ser perturbada.

Elza riu prazerosamente antes de responder à amiga:

— Só você para me fazer rir em um momento como esse.

— E não é para rir? Essa dissimulada fez de tudo para atrapalhar seu romance com Francisco, e conseguiu. Agora, chega aqui, a princípio, com ar de superioridade. Depois, se passando por heroína que vai se sacrificar pelo bem-estar do filho.

— Não julgue! Fausta sempre agiu dissimuladamente, é verdade, mas ninguém sabe a verdadeira razão para ela sair de casa. De repente, esta foi a maneira que ela encontrou para melhorar e se redimir. Quanto a Francisco, ela sabe que eu seria incapaz de deixá-lo a Deus dará. A vida ensina. Eu aprendi tanto nestes últimos anos e ela também aprenderá. A diferença em quanto sofrimento poderia ser evitado se fizéssemos a escolha de aprender pelo caminho mais fácil.

— Você tem razão. Tomara que um dia todos que vivem aqui na Terra aprendam isso. Eu, depois de tudo que vi você passar, chego à conclusão de que preciso mudar, deixar as futilidades de lado e me preocupar com coisas mais importantes, aprender a não julgar, a compreender, amar desinteressadamente e, o principal, deixar de ser a fofoqueira de plantão do hospital.

— E vai conseguir, tenho certeza.

Elza abraçou Meire carinhosamente. O clima de antes desapareceu do ambiente, transformando a atmosfera da casa em energias renovadas de amor, esperança, paz e sabedoria...

XXI

Um novo começo para todos

— Agora consigo entender um pouco mais seu empenho em ajudar dependentes químicos no astral, mas tem algo que não está se encaixando, Guilherme. Você encarnou nesse meio tempo, ou estou enganada? — perguntou Sandra ao amigo, que lhe respondeu emocionado.

— Reencarnei. Quando tirei André e os meninos das mãos de

Celso, voltamos para a França. Em pouco tempo, o dinheiro que havia ganhado com o transporte da droga acabou. Eu comecei a trabalhar como marceneiro.

Zélia passou a me odiar, vivia me cobrando e me chamando de fraco. André, Bruno e Simone continuaram a usar o chá de coca, tornando-se viciados. Desencarnaram ainda jovens, praticamente na mesma época, e eu me senti mais culpado ainda, desencarnando anos mais tarde.

Por causa da minha consciência, que me cobrava o tempo todo, passei mais de dez anos no Umbral, até ser socorrido. Quando me encontrei no astral com Zélia, os rapazes e Elza, fizemos uma reunião com os responsáveis pelo departamento de reencarnação.

Decidimos voltar juntos, eu me casaria novamente com Zélia, mas a deixaria viúva cedo. André, que fora meu filho, decidiu reencarnar ao lado de Elza por afinidade, e Bruno, que já nutria sentimentos fraternos comigo, seria meu filho. Simone, que havia contraído dívidas cármicas com outras pessoas, decidiu voltar como filha delas.

Todos estávamos ansiosos para reparar nossas falhas. Eu fiz tudo certo nesta encarnação, fui bom filho, bom marido, mesmo tendo Zélia mantido as mesmas atitudes de outrora. Trabalhei na profissão de aviador, onde já havia programado meu desencarne. Mas também mantive alguns hábitos. Eu tinha uma arma de fogo em casa, continuava acreditando que isso poderia ser útil.

Guilherme fez uma pausa. Sandra olhava para ele com ternura, incentivando-o a continuar:

— E, como você já sabe, Celso intuiu Bruno a usar a arma que eu havia adquirido para se defender dos traficantes, no dia em que desencarnou.

Sandra ia falar alguma coisa, mas foi interrompida por um jovem enfermeiro que se aproximou, dizendo:

— Gui, seu tutelado acordou. Deseja lhe ver.

— Já estou indo — respondeu Guilherme ao se levantar.

Voltando-se para a amiga, disse:

— Venha comigo!

Sandra obedeceu. Após caminharem pelo jardim da colônia, adentraram o hospital. Em segundos, entraram na enfermaria onde um jovem, ao vê-los, abriu um sorriso, dizendo:

— Eu estava ouvindo vocês comentarem sobre o passado. Sinto-me culpado. Quem mais errou nesta história fui eu.

— Todos erramos, mas o que menos importa é o grau de erro de cada um. Não se martirize por isso. Deus sempre nos dá uma nova oportunidade para evoluirmos. É por isso que reencarnamos.

— Sabe, Gui! Eu sofri muito depois do nosso último encontro. Eu ouvi que você não contou a ela o que aconteceu comigo, mas quero falar. Depois que saí da casa de Bruno, fui pego por uma organização rival.

Você sabe que aqui, como na Terra, há disputa de territórios. O líder dessa turma queria que eu lhe passasse as informações da nova droga. Eu recusei. Não entregaria anos de pesquisa para ele.

Foi quando mandou seus comparsas me aprisionarem. Eu passei a ser cobaia de suas pesquisas, quase sempre frustradas. Provei do meu próprio veneno. Foi quando, mesmo sem conseguir anexar direito as ideias, comecei a perceber o quanto errei.

Passei de fornecedor a usuário. Pude sentir na pele o mal que a droga faz. Graças a Deus, você escutou meus pedidos de ajuda e foi me salvar. Devo isso a você e peço mais uma vez o seu perdão.

— Não há o que perdoar, Celso! A vida ensina que devemos acima de tudo perdoar a nós mesmos, para que Deus e os outros nos perdoem.

— Estou tentando e sei que vou conseguir. Mas há quanto tempo estou aqui?

— Sete anos! Quando você veio para cá, estava muito magro. Seu corpo astral teve sérios comprometimentos por causa do excesso de drogas, que só será restaurado após algumas encarnações.

— Esse é o preço. É justo, fiz por merecer.

— Não se preocupe com isso agora, só descanse.

Guilherme passou a mão na testa do rapaz carinhosamente. Celso sentiu a energia curadora que Guilherme lhe enviara e voltou a dormir. Sandra saiu do quarto, deixando Gui a sós para terminar de examinar o rapaz.

Algum tempo depois, Celso andava tranquilamente pelo jardim do hospital. Procurou fazer planos para o futuro, aproveitando a incrível sensação de bem-estar que há séculos não sentia. Sentou-se em um banco, onde podia observar as belas roseiras e os pássaros que gorjeavam em volta do jardim como a brindar com seu canto aquela manifestação belíssima da natureza. Quando Guilherme aproximou-se, sentando-se ao seu lado, dizendo:

— Vejo que se sente bem.

— Estou ótimo. Queria voltar à Terra logo. Não vejo a hora de reencarnar e recuperar o tempo perdido.

— Você pode fazer o pedido no departamento reencarnatório. Eles vão averiguar o seu caso e, junto a você, marcarão uma data para o seu reencarne. Mas para que a pressa? Por que não se matricula em um curso que lhe agrade? Volte a estudar, aprenda a viver aqui no astral para depois voltar à Terra. Tenho a certeza de que estará muito melhor preparado para uma nova existência na carne. E, por falar em aprender, venha, vamos fazer uma visita.

Guilherme envolveu seus braços nos do rapaz e os dois volitaram. Em poucos minutos, chegaram à crosta da Terra, mais precisamente em um presídio. Os dois se encaminharam até o pátio, onde os internos tomavam um banho de sol. Celso, sem entender nada, perguntou:

— Por que você me trouxe aqui?

— Veja! Repare naquele rapaz sentado sozinho, ali no chão.

Os dois se aproximaram mais. Celso reconheceu a figura que estava à sua frente, lendo um trecho da bíblia em tom baixo. Espantou-se ao ver que se tratava de Guto. Guilherme foi logo falando:

— Guto foi preso por tráfico de drogas. Depois que o grupo que você comandava no cemitério se separou com o desencarne de Bruno, ele se viu sozinho. Sequioso por poder, passou a controlar o tráfico de drogas em uma favela aqui de São Paulo, até o dia em que foi preso. Julgado e condenado a mais de dez anos de prisão, já cumpriu mais da metade da pena e em pouco tempo será libertado por bom comportamento, pois, assim que entrou nessa prisão, virou evangélico, o que o ajudou na redução da pena.

— Nossa! Que bom! Fico feliz por vê-lo procurando seguir os ensinamentos de Deus.

— Não é bem assim! Guto percebeu que, para se dar bem aqui dentro, teria que aceitar uma religião. Ele não se arrependeu de coração pelo mal que causou, mas é claro que esse é um bom começo.

Celso aproximou-se do rapaz. Aprendeu neste tempo em que estava de recuperação, a emanar boas energias ao próximo. Fechou os olhos e pôs-se a fazer uma prece, pedindo a Deus para iluminar a mente de Guto. Logo, luzes coloridas saíram de sua mão, o que foi bem recebido pelo rapaz, que sentiu uma sensação de paz invadir-lhe a alma.

Celso, após terminar a prece, olhou para Guilherme, que mais uma vez passou as mãos pelo braço do rapaz, dizendo:

— Venha! Vou levá-lo agora para ver outro amigo.

Celso obedeceu de pronto. Sentia-se feliz por estar ao lado de Guilherme e descobrir novas sensações. Não tardou para os dois entrarem em uma casa de repouso. Celso olhava atentamente para tudo. Sentiu-se penalizado ao ver os idosos em estado lastimável. Alguns jogados a um canto da grande sala, com apenas uma enfermeira para atendê-los.

No local, vários espíritos trabalhavam sem se preocuparem com a sua presença. Guilherme, procurando explicar-lhe onde estavam, pôs-se a falar:

— Esta casa abriga idosos que não têm família. Muitos não sabem dizer quem são. Vivem de doações que muitas vezes não chegam.

— Infelizmente as pessoas não se preocupam com o próximo como deveriam, mas Deus não desampara — comentou uma voz conhecida, que, ao se aproximar de Guilherme, abraçou-o com ternura.

Em seguida, voltou-se para Celso, dando-lhe um abraço fraternal, fazendo-o se emocionar ao dizer:

— Bruno, você!

— Vamos deixar o passado no passado, meu amigo. O que importa é o presente. Estou muito feliz em vê-los aqui. Venham comigo!

Guilherme e Celso seguiram Bruno. O rapaz falava sem parar sobre seu trabalho, no auxílio que prestava aos enfermos. Falava de cada um com ternura. Celso ouvia atentamente, empolgando-se muitas vezes com as experiências que Bruno relatara, até pararem à frente de uma senhora que aguçou a curiosidade de Celso, ao achar aquela fisionomia conhecida.

Bruno, lendo seus pensamentos, comentou, passando as mãos carinhosamente na face da mulher:

— Esta é a Fausta, mãe de Francisco. Já tem mais de três anos que ela está aqui.

— Nossa! Mas esse lugar, como vocês mesmos me disseram, é para quem não tem ninguém nesta vida. Não me diga que Francisco desencarnou?

— Ele não desencarnou. Só não sabe que ela está aqui. Quando Fausta o deixou, disse que ia para o interior, mas mentiu. Foi para outra cidade. Achou que não suportaria ver o filho ao lado de Elza e escolheu a solidão por companheira. Nunca mais deu notícias ao filho, nem sabe se ele voltou realmente para Elza. Fausta deixou seu orgulho falar mais alto e hoje a vida está lhe ensinando que não se deve agir em função do nosso egoísmo. Ela está perto de desencarnar. Seu coração está fraco. Em poucos dias, será falência múltipla dos órgãos e estou responsável para acompanhá-la em seu desencarne e ajudá-la no que for possível.

Celso olhou para Fausta mais uma vez. Sentiu profundo amor em seu coração. Estava feliz finalmente por aprender a amar seu próximo. Bruno, após aplicar um passe em Fausta, voltou-se para os dois, dizendo:

— Aqui tem um lindo jardim, onde geralmente paro para descansar. Que tal irmos para lá?

Bruno conduziu os dois para o jardim. Os três se sentaram, cada qual perdido em seus próprios pensamentos, até Celso decidir quebrar o silêncio:

— Você me parece feliz aqui.

— E estou. Aprendo muito neste lugar. Lidar com o sofrimento alheio faz com que a gente aprenda a lidar com nossas próprias fraquezas. Tem cursos ótimos no astral. Se eu fosse você, faria um ligado à área médica.

— Vou fazer. Você me deu uma boa ideia. Mudando de assunto, você tem visto André?

— Tenho! André se recuperou por completo da dependência química e está noivo de uma mulher muito bonita e amável que ele conheceu no centro espírita em que trabalha como médium psicógrafo. Simone casou-se com um rapaz que ela conheceu no grupo de apoio a usuários de drogas; ambos também se ajudaram e hoje não usam mais nada do gênero. Meu filho já está grande e bonito. Fica com minha mãe durante o dia, ela cuida dele para Simone trabalhar. Ronaldo mora com ela. Os dois estão muito felizes juntos. Zélia descobriu que é médium vidente e me vê de vez em quando. Sempre que isso acontece, eu abro um sorriso e lhe mando um beijo. Elza e ela se tornaram amigas íntimas. Vivem uma na casa da outra. Como você pode perceber, cada um está seguindo o seu caminho, procurando fazer o seu melhor.

— Você esqueceu de mencionar Cacá e Cláudio — obtemperou Guilherme, dando uma piscada ao rapaz.

— Cacá está em processo reencarnatório. Ele decidiu reencarnar. Simone o aceitou como filho e logo ela ficará grávida. Ele vai viver no seio de uma boa família. E, por falar em Simone, ela e os pais fizeram as pazes e sempre se encontram nos almoços de domingo. Cláudio está estudando medicina em uma colônia no astral, longe daqui. Quase não o vejo, embora eu saiba que ele está bem. Pretende reencarnar daqui há algumas décadas e se formar em medicina na Terra, para ajudar o próximo.

Celso sorriu. Guilherme, ao ver que estava começando a escurecer, levantou-se dizendo:

— A conversa está boa, mas temos que passar ainda em outro lugar. Você vem com a gente, Bruno?

— Claro que vou!

— Quem nós vamos ver?

— Hoje tem uma cerimônia no grupo de apoio que Simone e André frequentam. Vamos assistir, assim aproveitamos para vê-los.

A lua apareceu no céu e, com ela, as estrelas que brilhavam na noite. Guilherme, Celso e Bruno chegaram na porta do grupo de apoio. Celso olhava atento a todos que entravam no local. Viu quando Zélia e Ronaldo entraram e se sentaram, ficando à espera dos amigos, que não tardaram a chegar, juntando-se a eles.

A casa estava cheia. Era dia de entrega de medalhas. Várias famílias de homenageados se agrupavam para verem os seus. Em poucos minutos, o senhor que comandava a reunião surgiu na frente de todos, dizendo:

— Boa noite a todos!

Um coro formou-se para lhe responder.

— Hoje é um dia muito especial, pois vamos comemorar nove anos de abstinência ao álcool de alguns de nossos companheiros. Eu vou pedir a cada um que eu chamar para dar seu depoimento. O primeiro de nossa lista é o senhor Francisco, por favor!

Francisco levantou-se da cadeira em que estava sentado ao lado de Elza e foi para a frente. Após receber a medalha, pôs-se a falar:

— Boa noite a todos! É com muita alegria em meu coração que vou dar meu depoimento esta noite. Eu sou dependente químico, comecei tomando uma cerveja inocente, achando que conseguiria parar. Da cerveja passei a aguardente e cada dia bebia mais.

Perdi meu emprego, minha namorada e, em pouco tempo, me vi sozinho. Minha mãe, um dia cansada de me ver sofrendo, foi embora. Fiquei sozinho no mundo, eu e o álcool. Passei a beber ainda mais.

Passava praticamente o dia inteiro alcoolizado, não me alimentava mais, até que um dia eu fui dormir e não consegui me levantar no dia seguinte, pois estava fraco demais. Nesse dia, fiquei pensando em minha vida. Percebi que estava em um abismo no qual eu mesmo me coloquei, e não sabia como sair dele, mas Deus não me largou. Ele colocou um anjo no meu caminho.

Elza, meu amor, apareceu em minha casa. A porta estava aberta e ela entrou. Após me chamar várias vezes, eu consegui responder. Disse a ela que estava em meu quarto. Quando ela entrou e me viu naquele estado, não disse nada. Apenas me ajudou a levantar e a tomar banho.

Eu me senti mal com aquela situação. Tive raiva de mim mesmo. Elza fez uma sopa para mim, deu a comida em minha boca. Ela fazia aquilo com tanto carinho que eu me senti humilhado. Eu estava sem amor-próprio e, ao perceber isso, naquele mesmo dia resolvi mudar. Ela me chamou para fazer parte do grupo de apoio e eu aceitei.

Comecei a frequentar este grupo, a recuperar a minha autoestima. Descobri que sou dependente químico sim, e aceitei isso. Eu não posso tomar o primeiro gole e não me envergonho de dizer isso a vocês. Hoje eu trabalho, recuperei minha vida e sou um novo homem. E, toda vez que sinto vontade de beber bebidas alcoólicas, digo a mim mesmo. "Francisco, apenas por hoje, você não vai beber!" E consigo controlar a minha vontade, pois vivo apenas o hoje, o agora. Amanhã é outro dia.

Francisco fez uma pausa para respirar. Ao ver que todos olhavam atentamente, continuou:

— Eu quero terminar dizendo a todos que estão me ouvindo que nunca, em nenhum momento da vida, vocês devem pensar em experimentar drogas químicas. Não pensem que o álcool ou o tóxico vão lhes ajudar a soltar a libido ou amenizar depressão e resolver seus problemas. As drogas só servem para matar, destruir famílias e acabar com a dignidade, por isso, quando estiverem com problemas, façam uma oração. Peçam para Deus lhes ajudar. Façam afirmações positivas e se viciem nisso. Tenho certeza de que essas atitudes, sim, devem se tornar um vício, pois é o único que faz bem. Apenas por hoje, obrigado!

Um forte aplauso pôde ser ouvido. Todos se levantaram para o cumprimentar. Francisco estava orgulhoso de si. Guilherme olhou para Celso, que deixou a lágrima invadir sua face.

Após todos darem seus depoimentos, a reunião foi encerrada. As pessoas foram saindo lentamente. Francisco e Elza se juntaram aos seus na porta do local. Ronaldo, após abraçar fortemente o amigo, olhou para o céu, dizendo a todos:

— Esta noite, mais uma vez, tivemos a comprovação de que tudo é possível. Que ninguém é fraco o suficiente para não superar os obstáculos que a vida nos coloca para nosso bem próprio. Espero que esse momento fique registrado em nossa alma, pois todos aprendemos a superar as nossas fraquezas e a não nos envolver com o que prejudica a vida.

Ronaldo parou de falar. Guilherme, ao ver seus amigos se abraçando uns aos outros, sentiu em seu coração a certeza de ter cumprido sua missão. Bruno, sensibilizado com o momento, passou a mão nos ombros de seu pai, dizendo:

— Nossa história bem que poderia servir de exemplo para outras pessoas, não acha?

Guilherme ficou pensativo. Lembrou-se dos jovens que ele ajudava a se recuperar dos vícios que trouxeram da Terra. Se os encarnados soubessem da história deles, talvez muito sofrimento pudesse ser evitado.

Bruno, ao vê-lo com o olhar perdido, perguntou:

— O que foi? Não gostou da ideia?

— Eu achei a ideia ótima. Nossa história, embora seja um tanto triste, cheia de erros, mostra que sempre há uma luz no fim do túnel, onde a vontade de mudar e acertar supera as fraquezas que levam aos erros, e quem sabe um dos nossos escritores que trabalham com os encarnados se interesse em escrever um livro contando nossa jornada.

Bruno não respondeu, limitando-se a abraçar Guilherme e Celso. Os três ficaram juntos, emanando a todos energias de coragem e harmonia. Em seguida, volitaram rumo ao astral, desaparecendo em meio às estrelas que não paravam de piscar.

FIM

Obras da médium Maria Nazareth Dória

Mais luz em sua vida!

A Saga de Uma Sinhá (espírito Luiz Fernando - Pai Miguel de Angola)
Sinhá Margareth tem um filho proibido com o negro Antônio. A criança escapa da morte ao nascer. Começa a saga de uma mãe em busca de seu menino.

Lições da Senzala (espírito Luiz Fernando - Pai Miguel de Angola)
O negro Miguel viveu a dura experiência do trabalho escravo. O sangue derramado em terras brasileiras virou luz.

Amor e Ambição (espírito Helena)
Loretta era uma jovem nascida e criada na corte de um grande reino europeu entre os séculos XVII e XVIII. Determinada e romântica, desde a adolescência guardava um forte sentimento em seu coração: a paixão por seu primo Raul. Um detalhe apenas os separava: Raul era padre, convicto em sua vocação.

Sob o Olhar de Deus (espírito Helena)
Gilberto é um maestro de renome internacional, compositor famoso e respeitado no mundo todo. Casado com Maria Luiza, é pai de Angélica e Hortência, irmãs gêmeas com personalidades totalmente distintas. Fama, dinheiro e harmonia compõem o cenário daquela bem-sucedida família. Contudo, um segredo guardado na consciência de Gilberto vem modificar a vida de todos.

Um Novo Despertar (espírito Helena)
Simone é uma moça simples de uma pequena cidade interiorana. Lutadora incansável, ela trabalha em uma casa de família para sustentar a mãe e os irmãos, e sempre manteve acesa a esperança de conseguir um futuro melhor. Porém, a história de cada um segue caminhos que desconhecemos.

Jóia Rara (espírito Helena)
Leitura edificante, uma página por dia. Um roteiro diário para nossas reflexões e para a conquista de uma padrão vibratório elevado, com bom ânimo e vontade de progredir. Essa é a proposta deste livro que irá encantar o leitor de todas as idades.

Minha Vida em tuas Mãos (espírito Luiz Fernando - Pai Miguel de Angola)
O negro velho Tibúrcio guardou um segredo por toda a vida. Agora, antes de sua morte, tudo seria esclarecido, para a comoção geral de uma família inteira.

Leia os romances de Schellida!
Emoção e ensinamento em cada página!
Psicografia de Eliana Machado Coelho

O Brilho da Verdade

Samara viveu meio século no Umbral passando por experiências terríveis. Esgotada, consegue elevar o pensamento a Deus e ser recolhida por abnegados benfeitores, começando uma fase de novos aprendizados na espiritualidade. Depois de muito estudo, com planos de trabalho abençoado na caridade e em obras assistenciais, Samara acredita-se preparada para reencarnar.

Um Diário no Tempo

A ditadura militar não manchou apenas a História do Brasil. Ela interferiu no destino de corações apaixonados.

Despertar para a Vida

Um acidente acontece e Márcia, uma moça bonita, inteligente e decidida, passa a ser envolvida pelo espírito Jonas, um desafeto que inicia um processo de obsessão contra ela.

O Direito de Ser Feliz

Fernando e Regina apaixonam-se. Ele, de família rica, bem posicionada. Ela, de classe média, jovem sensível e espírita. Mas o destino começa a pregar suas peças...

Sem Regras para Amar

Gilda é uma mulher rica, casada com o empresário Adalberto. Arrogante, prepotente e orgulhosa, sempre consegue o que quer graças ao poder de sua posição social. Mas a vida dá muitas voltas.

Um Motivo para Viver

O drama de Raquel começa aos nove anos, quando então passou a sofrer os assédios de Ladislau, um homem sem escrúpulos, mas dissimulado e gozando de boa reputação na cidade.

O Retorno

Uma história de amor começa em 1888, na Inglaterra. Mas é no Brasil atual que esse sentimento puro irá se concretizar para a harmonização de todos aqueles que necessitam resgatar suas dívidas.

Força para Recomeçar

Sérgio e Débora se conhecem e nasce um grande amor entre eles. Mas encarnados e obsessores desaprovam essa uniãoz

Lições que a Vida Oferece

Rafael é um jovem engenheiro e possui dois irmãos: Caio e Jorge. Filhos do milionário Paulo, dono de uma grande construtora, e de dona Augusta, os três sofrem de um mesmo mal: a indiferença e o descaso dos pais, apesar da riqueza e da vida abastada.